「不確実性」超入門

田渕直也

日経ビジネス人文庫

文庫化にあたって

コロナウイルスによるパンデミックの発生、株式相場の急落と急反発、米国大統領選挙で露わになった政治的・社会的分断の加速……。**世界は今、不確実性の霧に深く覆われているように**みえる。VUCA（変動性 Volatility、不確実性 Uncertainty、複雑性 Complexity、曖昧性 Ambiguity）の時代が到来したともいわれている。

私たちは急速に影響力を増しているようにみえるこの不確実性に、どのように対処していったらいいのだろうか。

ヒントのひとつは過去にある。

私たち人間は過去を明確な因果関係によって必然的に生じたものと考えがちだが、本当は過去のいかなる時代も、一歩先に何が起きるかわからない不確実性に満ちた時代だったのだ。将来を見通したいという願いもむなしく、人々は予想外の事態に翻弄され続けてきた。

過去を振り返ることでわかるのは、**不確実性は世界にもともと備わっている本質的要素**であるということである。だから、不確実性を撲滅すべき不都合なものとしてただ排除しようとするよりも、**その性質を前提とした世界の新たな捉え方が必要**なのではないか。

もちろん近年の技術進歩には著しいものがある。未来に目を転じれば、いつか不確実性を克服できるときがやってくると期待したくなるのは自然なことだろう。実際に人類は歴史の中でずっとそうした願いを抱き続けてきた。だが、どれだけ技術や学問が発展しても、不確実性はなくなるどころか、減ることすらなかった。

SNSの普及、AIなどの技術革新、ビッグデータ革命。近年、一見不確実性の霧を晴らしてくれそうなさまざまなイノベーションが急速に進んでいるにもかかわらず、不確実性はなぜなくならないのか。いや、それどころかますます不確実な時代へと向かっているようにみえるのはなぜなのか。

結局、テクノロジーの進歩によって予測可能な部分が多少増えたとしても、それ以外のほとんどの部分は相変わらず予想外のままなのだ。そして、**テクノロジーの進歩**

で社会がより高度化、複雑化していくに従って、不確実性の影響はますます大きく、ますます捉えにくいものとなっていく。

変わりゆく社会と、不確実性を生み出す不変の構造。今という時代を生き抜くためには、その本質をもっと見極めなければならないのである。

本書は、2016年4月に刊行された『不確実性超入門』（ディスカヴァー・トゥエンティワン）をあらためて文庫化したものである。思えばその年の6月には、イギリスのEU脱退、いわゆるブレグジットがイギリスの国民投票で可決され、11月にはアメリカ大統領選挙でドナルド・トランプ氏が勝利するなど、まさに予想外に満ちた激動の1年だった。その後も予想外の事態は続いている。コロナショックはその最たるものだ。

こうした状況の中で、不確実性とはそもそもどういうものなのか、不確実性に対処するためにどのような思考法が必要なのかといった本書のテーマは、ますます重要性を増しているように思えるのである。

今回の文庫化にあたっては、最新の事情を取り入れるため大幅な加筆を行っている。

まず新たに設けた序章ではコロナショックについて取り上げる。**コロナショックは本当に予測できない事態だったのか。**実際のところ、未知のウイルス感染症によるパンデミックのリスクはさまざまなところで事前に警告されていた。それにもかかわらずコロナショックは、社会的、経済的な大混乱を引き起こしたのだ。ではなぜ、予測されていたにもかかわらず、もっとうまく対処できなかったのか。その経緯をみていくと、予測というものに必然的に伴う限界が浮かび上がってくる。予測は決して万能なものとはなりえない。そのことを十分に理解しておかないと、予測できたはずの事態にも右往左往してしまうことになる。

第5章と第6章はケーススタディとして、前著刊行後のいくつかの事例を取り上げる。

第5章では、予想外の展開といわれた2016年、2020年の**米国大統領選挙を通じて、何が予測でき、何が予測できないのかを検証する。**予測できることと予測できないことを見極めることは、不確実性への対処に必要な最初のステップとなる。その過程で、予想外の事態こそが後戻りできない歴史の流れを形作っていく主要な要因であり、しばしばそれは多くの人に痛みをもたらす方向に作用しがちであることを明らかにしていく。

第6章では、コロナショック後に起きた**コロナ・ラリーと呼ばれる株式相場の急回復の中で生じたある異変**について取り上げる。この章に登場する連戦連勝の伝説的投資家は、なぜそんなにも優れた成績を収められるようになったのか。そしてその投資家がなぜコロナ・ラリー下に限って損失を計上したのか。この事例によって、**AIやデータ革命と不確実性との関係を深く考える**ことができる。併せて、テクノロジーの発展にもかかわらずに不確実性は結局なくならず、むしろ新たなタイプの不確実性に向き合わなければならなくなることが浮かび上がってくる。

本書で取り扱うテーマは多岐にわたるため、それぞれの分野でより詳しく学びたい読者のために巻末に新たにブックガイドを付け加えた。あくまでも私自身が読んだ範囲内での推薦であるため多少の偏りはあるだろうが、参考にしていただければと思う。

残念ながら、本書を読んだからといって明日の株価の変動を当てられるようになるわけでも、未来がみえる水晶玉が手に入るわけでもない。それらはいかなる方法でも手に入らないというのが本書の重要な帰結のひとつなのである。だが、不確実性について深く知ることで、**予想外の事態に柔軟に対処し、致命的な失敗を避けることができるようにはなる**はずだ。

コロナショックに限らず、将来においても私たちの生活に甚大な影響を与えるような予想外の大イベントは形を変えて幾度も訪れることだろう。本書が、そうした事態に備える上でささやかながらも一助となることができれば幸いである。

2021年9月

田渕直也

はじめに――不確実性との向き合い方が人生の長期的成功を決める

不確実性ほど、「決定的に重要でありながら、驚くほどに理解されていない」というものはそうはない。

不確実性とは、将来のデキゴトには「予測ができない」性質が備わっていることを示す言葉だ。この不確実性が、さまざまなリスクを生み出すもととなる。

「不確実性」や「リスク」というと、何やら専門的で他人事のように聞こえるかもしれない。あるいは、「リスクを管理しろということなら、そのぐらいのことはもうわかっている」という人もいることだろう。

だが、不確実性というものは、人が感じているよりももっと我々の身近に、そして世の中の至るところに存在していて、思いもかけないところにまで影響を及ぼしている。

ビジネス上の判断にしろ、人生の岐路における何かしらの選択にしろ、あるいは資産運用上の投資判断にしろ、我々は常にいくつもの意思決定をしなければならず、その中で、最善の結果を出そうと試みる。

しかし、どれだけ事前に努力しようとも、必ずといっていいほどに〝予想外〟のデキゴトは起き、その〝予想外〟の事態の中で、これまた必ずといっていいほどに、人は過ちを犯してしまう。人は、いつも〝予想外〟に振り回され、なおかつ〝予想外〟にとても弱いのである。

不確実性の理解とは、この〝予想外〟へ対処する方法を学ぶことにほかならない。

私は、銀行でデリバティブという金融商品のトレーダーを務めたのを皮切りに、長年にわたってさまざまな形で金融市場のリスクと向かい合ってきた。

そうした経験の中で、行き当たりばったりで一時的な成功を収めながら、不確実性を理解しないばかりに成功を長期的に維持することができなかった事例を、自他ともにいやというほどみてきた。

結論だけを先にいってしまうと、**投資における成功は、相場の行方を正確に予想することよりも、〝予想外〟のデキゴトにいかに対処するかにかかっている。**なにしろ、どんなに高名な専門家であっても、相場の予想については、外すことの方が多いのだ。だが、そうした事実も、世の中にこれだけ多くの投資にまつわる本が出回っているにもかかわらず、やはり意外なほどに理解されていない。

私は仕事柄、相場の行方や、どうすれば簡単に、そして確実に儲けられるかを人に聞かれることが多い。だが、今も触れたとおり、相場は典型的に不確実性に支配される世界だ。格好の事例がある。

2016年に入ってすぐ日経平均株価は大きく下がり、為替市場では円が急騰した。過去の新聞や雑誌、あるいはさまざまな調査レポートをインターネットで参照してみれば、ほとんどすべての専門家が、事前にこの大きな相場変動を予想できなかったことがわかるはずだ。そして、それは今回に限ったことではない。**専門家の予測は、いつもほとんど当たらない**のである。

専門家を揶揄《やゆ》しているのではない。本当のところは誰も、将来の相場動向に関して断定的な予測などできないのだ。だからこそ、最初から不確実であることを前提に相場に向き合っていくしかない。

そうしたことから私は、人に相場の行方や簡単に勝てる方法を聞かれるたびに、「相場はプロでも基本的には予測できない。絶対に儲かるやり方というものも存在しない。だから、簡単でうまい話を求めるよりも、うまくいったときにどうするか、うまくいかないときにどうするかをしっかり身につけることが一番重要だ」

というような話をするわけだが、実際のところ、そのような話には誰もあまり関心を示してはくれない。

「理屈の上ではそうですよね。それはわかりました（ハイ、その話はおしまい！）。それで、株は上がりますか、下がりますか。今、どの銘柄を買えばいいですか。為替はどうなりますか」

と、すぐに話は戻ってしまうのである。

このように、**不確実性の存在は、多くの人にとって、たとえ知識としては知っていたとしても、所詮は右から左に抜けていく要素でしかない。**そして、「日経平均株価はこれこれの理由で○○円まで上がりますよ。銘柄は××がおすすめです」という断定的な予測に飛びつくことになる。

人の耳目を引く、こうした断定的な予測は、結果として当たらないことが多い。とはいえ、**始末の悪いことに、世の中には数多くの予測が出回っていて、そのうちのいくつかは実際に当たってしまう。**どんなあてずっぽうでも、現実的に起こりうるものであれば、一定の確率でそれが実現するからだ。これもまた、**不確実性の非常に重要な性質のひとつ**である。

だが、たまたま結果として当たったというだけで、人々はその予測が将来を見通した素晴らしい予測だったと考え、その予測をした者を称賛し、自分もそれにあやかることで将来を予測することができるようになるはずだと思い込む。

しかし、そのようなやり方を続けていれば、短期的にはうまくいくかもしれないが、いつか必ず予想外のデキゴトに振り回され、身動きがとれなくなってしまう日を迎えることになる。

不確実性が重要であるのは、株式投資だけの話ではない。私は金融を専門としているので、本書で取り上げる事例は金融にまつわるものがどうしても多くなるが、不確実性はそれ以外のすべての意思決定にも必然的に伴うものである。

詳しくは本文で説明するが、複雑化する現代社会では、不確実性の影響はますます大きくなっているように思われる。その現代社会に生きる我々の中で、不確実性の問題を避けて通ることができる者などひとりもいない。

それどころか、**不確実性にどのように向き合い、そこから生まれるリスクをいかに制御していけるかが、すべての意思決定にとって、決定的に重要な要素**となる。だからこそ、不確実性を正しく理解することは**現代社会を生きるすべての人にとって必須の教養**といえるのである。

本書では、まず、不確実性をふたつの源に分けて解説していく。

第1章では、不確実性の源として比較的よく知られている「ランダム性」について扱う。ランダムという言葉が比較的よく知られているからといって、ランダム性が正しく理解されているわけではない。むしろ、多くの人はその影響を誤解している。ランダム性には、人の直感に反するような性質が備わっているからだ。ランダム性の本当の意味と、その影響を正しく理解することが、不確実性を乗り越える第一歩となる。

不確実性には、ランダム性以外に、もうひとつの源がある。それが、「フィードバック」だ。結果が原因となって、次々と結果が再生産されていくフィードバックと呼ばれるメカニズムから、第二の不確実性が生まれる。ランダム性を克服した者にとって、この第二の不確実性はさらに大きな壁となって立ちはだかる。第2章と第3章では、フィードバックが生むこの不確実性のメカニズムと対処法について取り扱う。

だが、これで終わりではない。「不確実性に対して人はどのように反応しがちなのか」を理解しなければ、本当に不確実性を理解したことにはならない。

残念ながら、人は不確実性に対して、誤った心理的反応からパターン化された失敗をしてしまいがちな生き物なのである。その意味で、**本当のリスクは、不確実性そのものの中ではなく、人や組織の心理の中にこそ存在する。**第4章では、こうした不確実性に対する人や組織の失敗のパターーンを類型化していく。

それを踏まえて、最後の第5章（本文庫では終章）では、特定の予測に頼らずに不確実性に対処していくという「新しい考え方」を提示する。この考え方は、「長期的な成功」をゴールとするものだ。

不確実性の性質や影響を考えれば、短期的な結果に振り回されることなく、長期的な成功の可能性を高めていくことが唯一の解決策となる。これが、本書の最大のメッセージだ。

本書は、不確実性の入門書として執筆されたものであり、不確実性に起因するリスクを管理・制御するための技術的な観点にはあまり触れてはいない。だが、**本当に大切なことは、技術を習得することではなくて、不確実性に対する意識を変えること**である。

とはいえ、意識の変革は簡単なことではない。結局、常に自分で考え、自分で不確実性に向き合っていかなければ、その意識変革は成し遂げられないのだ。本書をそのための入り口として位置づけてもらえれば、著者としてうれしい限りである。

2016年3月

田渕直也

「不確実性」超入門　目次

第1章

ランダム性——予測不能性が人を惑わす

第2章

フィードバック——原因と結果の不釣り合いが直感を欺く

第3章

バブル——なぜ「崩壊するまで見抜けない」のか

第4章

人間の心理バイアス——失敗はパターン化される

第5章

[CASE1]トランプ・ショックとトランプ・ラリー

——予想外が予想外を生む

第6章 [CASE2] コロナ・ラリーと常勝神話の崩壊 ——AIと不確実性

終章 人生を長期的成功へと導く思考法

［巻末資料］より詳しく学ぶためのブックガイド

校正◎内田　翔

序章

コロナショックは予見できたのか

予言されていたパンデミック

人類の歴史は感染症との戦いの歴史

2020年1月30日、世界保健機関（WHO）は、新型コロナウイルスの感染拡大に対し、「国際的に懸念される公衆衛生上の緊急事態」と認定した。世界を揺るがせるコロナショックの始まりだった。

その数日後、日本でも豪華客船ダイヤモンド・プリンセス号で感染者が確認され、乗船者が船上で隔離される事態となって、コロナショックの衝撃が一気に広がっていった。その後、何度かの感染拡大の波を経験しつつ、この原稿を執筆している現在でもなおコロナ禍は続いている。

その影響は単に公衆衛生上の問題にとどまらず、社会、経済、政治にも大きな影を落とし、おそらくコロナ後の世界はコロナ前とは完全に違ったものになるに違いないと断言できるほどに大きな傷跡を残しつつある。

これだけの重大イベントを、なぜ事前には予測することができず、また、なぜ十分な対応ができなかったのだろうか。

この問題を考える際にまず認識しなければならないのは、実際のところ、**感染症の脅威自体が予測されていなかったわけではなく、それはむしろ広く認識されていた問題だった、**ということである。

そもそも感染症と人類の歴史は切っても切り離せない関係にある。進化生物学者、文化人類学者のジャレド・ダイアモンドは大ベストセラーとなった『銃・病原菌・鉄』の中で、感染症の多くは動物由来のもので、動物の家畜化と人口の密集、つまりは文明の開化によって人類に必然的について回ることになったと述べている。そして、その感染症の存在が、スペイン人によるアステカやインカの征服など、世界の歴史にとてつもなく大きな影響を与えることになったというのだ[※1]。

それ以外にも、中世ヨーロッパで猛威を振るったペストや、20世紀初頭に甚大な被害をもたらしたスペイン風邪など、感染症は人類にとって常に最大級の脅威であり続けた。

現在でもその脅威は、消えるどころか増す一方である。世界の人口は増加の一途をたどり、人口密集の度合いはますます高まっている。その人口を養うために家畜の数は増え、開発によってすみかを失った野生生物が人里に現れる機会も増えている。また、経済のグローバリゼーションや国際的な交通網の整備によって、人や物の行き来がかつてとは比べものにならないほどに急増している。

さらには温暖化の進展によって永久凍土などに閉じ込められていた未知のウイルスが再び地上に姿を現したり、新たなウイルスが人工的に作り出されたりするリスクも指摘されている。

新たな感染症が世界のどこかで発生し、それがグローバルな人や物の流れに乗って、あっという間に世界中に広がるリスクはますます高くなっているのである。実際に、コロナウイルスによる感染症だけをとってみても、今回の新型（COVID－19）以前にも、2002年にはSARS（重症急性呼吸器症候群）、2012年にはMER

S（中東呼吸器症候群）と、たびたび新種の感染症が発生し続けている。

感染症の脅威は広く警告されていた

2015年、マイクロソフトの創業者ビル・ゲイツは講演で、戦争などよりもウイルスが引き起こす感染症こそが人類にとって最大の脅威であると語っている。

2018年には、アメリカのジョンズ・ホプキンス大学が感染症の脅威に対する報告書を公表、その中で、変異しやすく感染力の強い呼吸器系疾患をもたらすウイルスがとくに大きな脅威となりうることを警告している。新型コロナウイルスはまさにこの警告のとおりの存在だ。

個人の発言や専門的な研究だけではない。マスメディアでもパンデミックの脅威はたびたび取り上げられている。2017年にはNHKテレビで「ウイルス〝大感染時代〟～忍び寄るパンデミック～」が放映され、国立感染症研究所の研究に基づき、変異型鳥インフルエンザの感染拡大シミュレーションが紹介された。さらには、

2019年に制作され、2020年初頭、まさにコロナショックが始まろうとしている時期に放映されたカナダのテレビドラマ「アウトブレイク　感染拡大」は、未知のコロナウイルスによって引き起こされたパンデミックを描いており、予言的な作品として話題を集めた。

ここで取り上げているのはあくまでも直近のものだけに限っているが、そもそもパンデミックを描いた小説や映画・ドラマは昔から数え切れないほどにある。

要するに、未知のウイルスによるパンデミックの発生は、事前にその脅威が十分に警告されていた問題だったのである。

比較的多くの人が認識し、いずれ大問題になりうることがわかっているのに、そのリスクが軽視されているものを「灰色のサイ（グレー・リノ）」と呼ぶ。

一般にはあまり馴染みがない呼び方かもしれないが、第2章で取り上げる「黒い白鳥（ブラックスワン）」、すなわちまったく予想していなかった事態が生じて甚大な影響をもたらすことを意味する言葉との対比で生まれてきたものである。たとえば、低金利環境における債務の増大など、多くの関係者が「今はまだ大丈夫だろう」とやり過ごしているリスクを指す言葉としてしばしば用いられる。
コロナショックに関していえば、これはまさに、ブラックスワンではなく、グレー・リノと呼ぶべき事象だったのだ。

ここで問題となるのは、では**なぜ事前に予測できたはずのリスクに、我々は十分に備えることができなかったのか**ということである。

※1　スペイン人が持ち込んだ天然痘ウイルスが、抗体を持たないアステカ人やインカ人の人口を劇的に減少させたとされている。

予測できたはずのリスクになぜ対応できなかったのか

断定的な予測を求めすぎる

コロナショックという予測できたはずのことになぜ十分に対応できなかったのかという問題に取り組むためには本来、感染症に対する専門的な知識、既存の医療体制や法制度上の問題など、さまざまなことを論じる必要がある。だが、本書の趣旨に照らした場合に考えるべきは、**予測というものそれ自体の限界**についてである。

将来予測については、そもそも正しい将来予測はどの程度可能なのかという問題が厳然と横たわっているのだが、ある程度正しい予測ができたとしても、いくつもの限界に直面する。

第一に、前節で紹介したパンデミックに関する予測はいずれも、特定の事態が将来の特定の時点で確定的に起きることを示すものではない。それはあくまでも可能性の話である。**想定されるシナリオは無数にあり、その中には何も重大なことは起こらないというシナリオまである。**つまり、予測できることは、「未知のウイルスによる感染症がどこかの時点でどこかの地域に発生し、それが何らかのルートを通じて世界に拡散し、甚大な影響を及ぼす可能性が高まっている」ということまでなのだ。

この事例が端的に示すように、予測とは元来が抽象的というか、やや漠然としたものなのである。だが、人は具体的な脅威が差し迫らないとリスクには真剣に向き合わないものだ。ただ漠然と「リスクが高まっている」といわれるだけだと、何か具体的に行動に移そうという気持ちにはならない。

そこで、予測にできるだけ具体性を持たせるために、何らかの特定のシナリオに基づいたシミュレーションが行われたりする。前記のＮＨＫの特集などがそうだ。

だが、それでも事態はたいして改善されない。何らかの仮定に基づくシナリオや、さまざまな可能性の中のひとつにすぎないシミュレーションをみせられても、やはり具体的にどう準備すればいいのかわからなかったり、もしくは必要な準備をついつい先延ばしにしてしまったりするからだ。

では、事前準備を促すためにもっと具体的なピンポイントの予測をすればいいのだろうか。残念ながら、ピンポイントの予測は、ピンポイントであればあるほど当たりにくくなり、したがって説得力も失われていく。

たとえば地震の予測では、「首都圏でマグニチュード7程度の直下型大地震が起きる確率は今後30年で70％」というような形で確率付きの長期予測が示されている。※2

70％というのは高い確率だが、時間軸が長いし、このような予測を示されても漠然とした印象を受け、具体的に地震に備えようという気にはならない人が多いに違いない。

地震の予測に関してはさまざまな研究が続けられており、もちろん改善の余地はあるに違いないが、それでも、そもそも予測というのは本来そのようなものなのである。だが確率付きの長期予測だけでは、人々が切迫感を持って準備にあたるインセンティブとはなりにくい。そこで、「○年△月×日にどこそこで大地震が起きる」などというピンポイントな予測を示そうとしても、今度はピンポイントになればなるほど予測は当たらなくなる。そうこうするうちに、予測は当たらないという見方が定着し、結局誰も真剣に受け止めなくなっていくだろう。

要するに、**予測はあくまでもやや抽象的で漠然としたもの**として受け止める必要があり、**それに対して具体的な準備をしていかなくてはならない**というのがリスクへの対処の基本なのだが、それがなかなかできないのである。

予測できたはずのデキゴトが予想外の事態を生む

予測にはもうひとつ、別の限界もある。仮に何かが発生することを正確に予測できたとしても、その何かが二次的、三次的に引き起こすデキゴトまで正確に予測することは至難の業であるということだ。予測できたはずの事態が、往々にして新たに予測できない事態を生んでしまう。さらに、その新たな事態がさらに別の予測できない事態を引き起こし、**〝思わぬデキゴト〟の連鎖**が生じる。そうなると、現実は当初の正確だった予測からどんどん離れていってしまう。

ここで「二次的、三次的に発生する事態まで正確に予測できるように努力せよ」というような考え方をすることは、まったく解決策にはならないのである。本書でこれからみていくように、そうした考え方ではむしろ、予想外の連鎖の中で悪手に悪手を重ね、事態をますます悪化させるだけになるだろう。

予測が大体において正確であったとしても、結局は思わぬデキゴトは起きるものなのだということを、まずは理解することが必要である。


コロナショックでいえば、感染症の脅威をある程度正確に予測できたとしても、その発生時期や症状の軽重、感染ルート、感染拡大のスピードまでは正確に予測できない。したがって、予想外の場所で感染症が発生したり、それが予想以上のスピードで急拡大していくというような事態は当然生じうるのだ。

感染症の拡大に伴い、経済にどのような影響が生じるかという点も、前もって正確に予測することなどできないもののひとつだ。株式市場は比較的落ち着いた反応をみせるかもしれないし、あるいは暴落するかもしれない。それを事前に正確に予測することはできない。だが、その予測不可能な株式市場の反応次第で、求められる政策対応も当然違ったものになるはずである。

結局、どんなに**当初の予測が正確なものであったとしても、予想外の事態にその都度対応していかなければならないという部分はどうしても残る**のだ。

このようにして、コロナショックのように事前にかなり正確に予測できたはずの事態においても、予測というものには必然的に限界が伴い、それが対応を困難にする。最初に取り上げた予測に伴う抽象性や曖昧さは、リスクに対する事前準備を怠らせたり、非効率で形ばかりの準備に満足させてしまったりする。続いて取り上げた〝思わぬデキゴトの連鎖〟は、「前例がない」とか「予測を超える事態だ」という焦りやパニックを生み、対応を支離滅裂なものにしてしまったり、後手後手に回らせたりする。

これらは、予測というものがどのようなものか、どのようにあるべきものかということを正しく理解していないことから生じる問題である。

繰り返しになるが、本来予測というものはある程度は漠然としたものであり、かつ、どうしても予測しきれない部分が生じるものなのである。無いものねだりをしても仕方がない。**完璧な予測を求めることも、予測に過度に依存することも、どちらも間違い**なのだ。

したがって、不確実性に対処する第一歩は、まず予測の限界を正しく理解することから始まる。そして、予測ができないことにいかに対応するのかが、不確実性に対処する上で鍵を握る。そのことを次章以降で詳しくみていくことにしよう。

※2　政府地震調査研究推進本部地震調査委員会による（2020年）。

歴史に筋書きはない

思わぬデキゴトが歴史を形作る

さて序章の最後に、どんなに正確に予測したとしても思わぬデキゴトはどうしても生まれてしまうという点について、少しばかり補足しておきたい。

第2章のコラムでもフランス革命を例として取り上げているが、ざっくりといってしまえば、こうした思わぬデキゴトの連鎖こそが歴史を動かす最大の原動力だということである。**予想外の事態は単なる例外的なものなどではなく、歴史の主役**なのだ。

歴史というものは、もちろんその背後には人々の日常があるのだが、大きな流れという意味では政権交代や革命、戦争、社会を一変させるイノベーションなどによって形作られていく。そして、それら歴史を動かす大きなイベントはたいていの場合、筋書きもなければ指揮者もいない予測不能な混沌の中で、予測不可能なデキゴトの連鎖として生じる。

「いや、歴史には必然性があり、ある結果にはそうなった明確な理由があるはずだ」と考える人も多いだろう。それが、歴史に対する人間の基本的な捉え方だ。第4章であらためて取り上げるが、**人は過去を振り返るときに単純明快な因果関係による説明を過剰なほどに求める**ものなのである。

だが、それは事態の顛末を知った後世の人間による後付けの解釈にすぎない。フランス革命が起きる以前に、あるいはフランス革命の真っ最中に、事態の行方を正確に見通せた人物などいなかったことはまず間違いない。クーデターなど特定の事件の首謀者はいても、歴史そのもののシナリオライターは存在しない。

現代国際社会の形成に多大な影響を及ぼした第一次世界大戦がなぜ勃発し、いかにして世界に破壊的な影響を及ぼしたのかについても同様である。後付けの解釈はいくらでもつけられるし、実際にそのように解説されることが多いのだが、バーバラ・タックマンによる『八月の砲声』では、偶発的な事象の積み重ねによって主要国の指導者の誰もが望まない戦争が発生し、しかもそれが誰も予想しない凄絶な長期総力戦となっていく様が克明に描かれている。※3

もちろん戦争には計画があり、作戦がある。したがってシナリオライター自体は大勢いたことになるが、歴史はその誰のシナリオにも従うことはなかった。

複雑な歴史を明確な因果関係で捉えたいという人間の欲求は、とにかく非常に強いものがある。それが行き過ぎると、いわゆる陰謀論にもつながってしまう。「一見予測不能にみえる事態でも、本当は誰かの筋書きに沿って動いているに違いない」「すべてを裏で操る黒幕がいるはずだ」。こう考えてしまうわけだ。

一体誰がそんな神の如き知性を備え、揺るぎない信念で複雑な世界を思いどおりに動かすほどの力を持つことができるのかはさておき、そうした理解の仕方は、単純であるがゆえに、複雑な現実に向き合わなくて済むというメリットを生む。

極端な陰謀論にまで行きつかないとしても、この手のショートカットな歴史の見方は誰にとっても魅力的で、至る所にみられるものなのである。

だが、不確実性に対処するためには、そうした見方はまったく役に立たない。**歴史は、実際には誰にとっても予想外の連続**だからだ。あえていえば、その予想外の連続にうまく対応できた者が歴史の勝者となり、その後で、あたかもすべてを見通していたかのごとく描かれるようになる。

現在のコロナショックも、おそらく人類の歴史に後戻りできない重大な影響を残すものとなるだろう。そしてそれは、誰かのシナリオどおりに生じたものではない。ある程度は事前に予期できたはずの感染症の拡大がもたらした思わぬデキゴトの連鎖によって生じているのである。

近い将来に再び、コロナショックとはまた別の歴史を変える何らかの一大イベントが起きるであろうことは間違いない。その一大イベントが何であるかはともかく、その大変動に備えるためには、まず不確実性とは何かを正しく理解することから始めなければならない。

※3 『八月の砲声』は、第4章のコラムで取り上げているJ・F・ケネディ大統領の愛読書として知られ、彼がキューバ危機に際して参考にした書としても知られている。

第1章

ランダム性

——予測不能性が人を惑わす

未来を予測することはそもそも可能なのか？

ある高名な経済学者の誤り

１９２９年10月、高名な経済学者であったアービング・フィッシャーは、米国の株価は高原状態（高値を維持する状態）にあると言明した。

株価は、それまでの数年にわたって大きく上昇していたのだが、フィッシャーはその状況に対して、この株価上昇は実体を伴ったものであり、株価が反転して下落するようなことにはならないとお墨付きを与えたのである。

ところが、そのわずか数日後に、株価は大暴落した。フィッシャーはそれでも、ファンダメンタルズ（景気や企業業績など経済的な基礎的状況のこと）は健全であるため、株価の下落は一時的なものであり、すぐに回復するだろうと予測した。

このときの株価暴落は、後に「暗黒の木曜日」として知られるようになる史上もっとも有名なもののひとつで、その後も株価は下がり続け、やがて「世界恐慌」と呼ばれる未曽有の経済危機へと発展していくものになる。世界恐慌が第二次世界大戦勃発の重要な背景になったことを思うと、この暴落は、歴史を画する重大事件であったといわなければならない。だが、フィッシャーはそれをまったく予測できなかったのだ。

フィッシャーが愚かな人物だったということではない。その後のフィッシャーには常にこのエピソードがつきまとうことになったものの、彼が深い洞察力を備えた一流の経済学者だったことは否定しようがなく、数々の業績には、現在においても高い評価が与えられている。つまり、このエピソードは、単に愚か者が予測を外したと片づけるべきものではなく、景気動向や株価変動には大きな不確実性がつきまとうがゆえに、彼ほどの優れた経済学者でも予測は当たらないと考えるべき事例のひとつなのだ。

〝予測できる未来〟と予測できない未来

それでは、未来は予測できないのだろうか。それは、科学というものが生まれてから、人類が問い続けてきたテーマである。不確実性の位置づけを明確にするために、この問いかけに対する答えを整理することから始めよう。

まず、未来には予測可能な部分がたしかにある。たとえば、「日本の高齢化は今後一層進んでいく」という予測は非常に実現の可能性が高い予測だ。今後20年間に成人となる日本人は、過去の出生数からかなり正確に予測ができる。今後20年間に65歳以上となる人口も、現在の年齢別人口から、やはりかなり正確に予測できる。

現在までに進行している事象が、未来にほぼ確実な影響を及ぼすため、未来の日本における人口構成についてもおそらくこうなるだろうという予測が可能となるわけだ。

この合理的な予測が可能となる未来は、「マネジメントの発明者」ともいわれる経営学者・社会学者のピーター・ドラッカーが提唱する**〝すでに起きた未来〟という概念**に相当する。

だが一方で、「20年後の日本国内における高齢者比率は、xx・xx%である」という具合に、ピンポイントで正確に予測することはできない。ある年齢の人が20年後にどれだけ生存しているかは、過去の統計やさまざまな仮定を置くことでかなり正確に予測できるとはいえ、個々の人が交通事故にあったり、心臓発作を起こしたりすることまでは正確に予測できず、現時点ではあくまでも推定でしかないからだ。そこには、わずかではあっても必ず誤差が生じる。もっと大きな要因として、海外から移民がどの程度入ってくるかということも大きく影響する。この点についてはさらに不確定要因が大きく、誤差もそれだけ大きくなる。

このような部分については、絶対的に正しい予測というものは存在しない。**未来における この予測できない部分こそが不確実性**である。本書で取り扱うのは、まさにこの部分についてだ。

つまり未来の状態は、次式のとおり、予測可能な〝すでに起きた未来〟と予測不可能な不確実性の合成として捉えることができる。

【未来の公式】

未来＝〝すでに起きた未来〟（予測可能な未来）＋不確実性（予測不可能な未来）

人口動態に関しては、〝すでに起きた未来〟の比重が大きく、全体としてかなり精度の高い予測が可能となる事象だ。だが、多くの事象では、不確実性の影響はもっと大きい。

たとえば、景気動向や株価変動の予測は、一般には「専門家ならば、ある程度精度が高い予測は可能だ」と考えられがちな分野だが、決してそうではない。

さまざまな追跡調査によると、専門家の予測は、ほとんどあてにならないことが示唆されている。少なくとも、バブルの発生や金融危機の発生など、経済上の大事件については、ほとんどの専門家が事前にまったく予測できていない。その端的な例が、冒頭に紹介したフィッシャーの事例なのだが、実のところこの手の話は枚挙に暇《いとま》がないほどにありふれた話なのである。つまり、**景気動向や株価変動は、不確実性の比重がかなり高い事象**と考えることができる。

では、景気動向や株価変動における不確実性の比重がどのくらい大きなものなのか、という点については、人によって多少見解が分かれるところである。しかし、ざっくりといえば〝すでに起きた未来〟に比べて不確実性の比重の方が圧倒的に大きいという点ではあまり異論がないはずだ。実際に、金融機関のリスク管理などでは、株価変動のほぼすべてが不確実性によるもので、予測が不可能であるという前提に立ってリスク管理の実務が行われている。

このように、先に示した未来の公式が意味することにはいくつか重要な点がある。**第一に、未来のデキゴトには多かれ少なかれ、不確実な要素が含まれる。第二に、事象の種類（人口動態なのか景気動向や株価変動なのか）によって、その不確実性の影響の大きさは異なる。**

未来のデキゴトに備えるためには、最初にきちんとこの整理をしておくことが大切である。

〝すでに起きた未来〟は、情報収集と合理的な分析によって予測の精度を高めることができる。だが、不確実性の部分はそうではない。不確実性とは、予測できない未来のことなのだから、それをあえて予測することは、単なる「あてずっぽう」にしかならない。これを混同してしまうと、不確実性に対しても、それを予測することによって対処していこうという発想に陥ってしまう。しかし、それはそもそもまったくのお門違いなのだ。**不確実性に対しては、不確実性への対処の仕方がある。**それを順次、解き明かしていきたいと思う。

リスクをとらないリスク

前項でみたように、未来には多かれ少なかれ不確実性がつきまとう。だから、未来に向けて意思決定を行う場合、不確実性をどう捉えるかが決定的に重要なこととなる。もし、未来が確定しているのであれば、どのように行動すべきかはおのずと決まってくるはずだ。未来が不確実だからこそ、どのように行動すればもっとも良い結果が得られそうかを考える必要性が生まれるというわけだ。

つまり、正しい意思決定をしていくためには、不確実性を正しく理解しなくてはならない。だが、不確実性には、これから説明していくように、誤ったイメージがつきまといがちである。それを払拭することが本書の目的のひとつなのだが、まずは前提となる基本的なことを押さえておこう。

不確実性は、先に述べたように「予測できない」性質を表す。その「予測できない」デキゴトが起きる結果として、リスクが生まれる。不確実性やリスクという言葉には、どうしても否定的なニュアンスが含まれているように受け取られるのではないかと思う。不確実なことはできるだけ回避したい、リスクはできるだけ抑制したい、と考える人は、非常に多いに違いない。

だが、最初に理解しておかなければならないことは、**不確実性（およびリスク）には、プラスの面とマイナスの面の両方**があるということだ。

予想外に悪いデキゴトが起きることもあるが、予想外に良いデキゴトが起きることもある。不確実性の中でリスクをとらなければ、そのチャンスを得ることはできない。だから、**不確実性に対処するとか、あるいはリスクを管理するということは、必ずしも不確実性を除去したり、リスクを抑制したりすることと同一の意味にはならない**ことに注意する必要がある。

そもそも不確実性は予測できないのだから、予測できないものを除去したり、完全に抑制したりすることなどできるはずもない。それなのに不確実性を忌避しようとすれば、リスクを恐れて何もしないようになってしまう。だが、そこには別のリスクが生まれる。

投資家がリスクをとらなければ、リスクをとっていれば得られていたかもしれない利益の可能性を失う。企業であれば、リスクをとらなければ環境の変化についていけず、ライバル企業の後塵を拝する危険性が生まれることになるだろう。

不確実性にはプラスとマイナスの両面がある以上、**「リスクをとらないリスク」が必然的に生まれる**のである。

この「リスクをとらないリスク」には、非常に厄介な一面がある。それは、「何かをして失敗する危険性」は比較的明瞭に意識することができるのに、「何かをしないことによって生じる危険性」は明確に意識することが難しい、ということだ。それゆえ、明確に意識しやすい「何かをして失敗する危険性」に目が向かい、リスクを恐れて何もしないという方向に流れていきやすくなる。だが、それは目にみえない「リスクをとらないリスク」を冒していることにほかならない。

だから、リスクは忌避すべきものではなく、適切にとっていくものと考えるべきなのである。**どのようなリスクをどれだけとるべきかを決定することこそが、不確実な世界における意思決定**なのだ。

本書では、不確実性から生まれる予想外に悪いデキゴトにどう対処していくかということに焦点が当たっているために、「不確実性＝悪いもの」というイメージを抱いてしまう場面があるかもしれないが、それは正しい理解ではない。あくまでも**リスクをとった上で、その先にある〝予想外〟にどう備えるかをテーマとしている**のだということを、ここであらためて明確にしておきたいと思う。

投資家が何かに投資をすることは悪いことではなく、当然のことである。だが、何かに投資をしたら、予想外のデキゴトが起きる心構えはしておかなければならない。

企業が新しい製品やサービスを取り入れるべくチャレンジをするのは企業として当然の努力である。だが、それが予想外の悪い結果を生むかもしれないことは考えておく必要がある。それが不確実性に備えるということなのである。

以上のことを念頭に置いた上で、あらためて不確実性をもたらすものは何かを考えていくことにしよう。最初に解明すべき第一の不確実性の源は、ランダム性と呼ばれるものである。

「ランダムである」とはどういうことか

事前の確率、事後の結果

ランダムとは、まったくの偶然によってデキゴトの経過や結果が左右されることである。

たとえば、サイコロを振ることをイメージしてみよう。サイコロの目は1から6までであって、サイコロを振る前にはどの目が出るかはわからない。事前にわかっているのは、どの目も出る確率が六分の一ずつあるということだけだ。

そして、実際にサイコロを振ると、どれかの目が出て、それが結果となる。結果そのものは偶然によって左右され、あらかじめ知ることはできない。

コイン投げをイメージしてもよい。コインを投げる前にいえることは、表が出る確率と裏が出る確率は半々であるということだけである。だが、実際にコインを投げてみると、必ずどちらか片方の結果だけが出る。やはりどちらが出るかは偶然によるもので、実際にコインを投げた後にならないとわからない。

これがランダムの基本的な性質である。つまり、**あらかじめいえることは確率だけであって、正確な結果を前もって予測することはできない。**サイコロを振って3の目が出たとすると、それはたまたまそうなったのであって、そうなる必然的な理由があったわけではないのだ。

ランダムな動きにおけるこの予測不能性が、不確実性を生むことになる。こうしたランダムな動きというのは現実の世界でも非常に頻繁にみられるものだ。

株式市場では、誰も予期していなかったニュースが出るたびに、株価がランダムに揺れ動く。誤解のないようにいっておくと、良いニュースが出て株価が上がるとか、その逆になるというプロセス自体は、原因があって結果が生まれる因果関係によるものとも考えられる。しかし、**「予想に反したニュースが良いものとなるか悪いものと**

なるか」そのものは、ランダムな挙動である。

あるいは、ついうっかりコップを落としたときのことを考えてみよう。コップが落ちるスピード、高さ、床の材質、床に落ちたときにコップのどの部分がぶつかるかなどによって、コップは割れることもあるし、割れないこともある。「コップを落とした」という共通の原因があっても、結果はまちまちで予測できない。これも、ランダムな挙動といえる。このような**ランダムな動きでは、原因があって結果が生まれるという因果関係は存在せず、ただ確率だけがあって、その確率に従って結果が生まれる。**

このように、ランダム性を理解するためにはまず確率というものを理解することが重要になるわけだが、この確率というものが、実は厄介な代物なのである。

確率は、いうまでもなく数学や統計学におけるとても基礎的な概念である。サイコロを振って1から6までのいずれかの目が出る確率はそれぞれ六分の一であり、コイン投げで表が出る確率と裏が出る確率は二分の一ずつであることは、誰もが理解できる。

予期しないニュースが株価変動にとって良いものになるか悪いものになるかは、長い目でみれば概ね半々の確率になる。落としたコップが割れる確率は簡単には知ることができないが、やはり何らかの確率があると考えることはできるはずだ。

ここまではいい。**確率の厄介なところは、実際に結果が出てしまうと、確率が意味を持たなくなってしまうところにある。**

サイコロを振って6の目が出たとしよう（以下では6の目が望ましいものであるという前提で話を進める）。この6の目が出たという事実はもう消しようがなく、「6の目が出る確率は六分の一」という言い方は、6が出たという結果に対して何の意味も持たなくなる。そして、6の目が出たという結果に対して、人は「これはラッキーだ」とか、「6が出るように念じながらサイコロを振ったのが良かった」などと感じるわけだ。

しかし、その後サイコロ投げを何度も繰り返していくと、その結果には再び確率がうっすらと姿を現すようになる。場合によっては、6の目が続いて出ることもあれば、何回振っても6の目が出ないこともあるだろう。だが振る回数をどんどん増やしていくと、どの目が出る比率も大体同じくらいになっていき、いくら心の中で6の目が出ることを念じながら振っても、その頻度は六分の一に近づいていくのである。

つまり、**サイコロを振る前は確率しかなく、実際のサイコロを振った後には結果しかない。だが、結果を数多く積み上げていくと、そこには再び確率が現れる。**これは、確率というものを理解する上でとても重要な点である。こうした性質があるからこそ、後に説明するバリュー・アット・リスクなど、確率によってリスクをコントロールするという手法につながっていくのだ。

人は「明確な原因」を探したがる

さて、ランダムなデキゴトは確率を考えることはできても、正確な結果は予測できないということだった。この点についても、勘違いを起こしやすいところがある。「正確な予測はできない」とはいっても、たまたま予測が当たることはあるのである。6の目が出ると宣言してサイコロを振り、実際に結果がそのとおりになる確率はやはり六分の一だ。つまり、ランダムなデキゴトを予想すると、確率どおりに的中する。

株価の場合、統計的にみると一日当たりで上昇する確率は下落する確率をわずかに上回るが、概ね半々と考えたとしても大きな間違いではないだろう。したがって、明日の株価は上昇するとか下落するという予想を立てた人は、約半分の確率で予想を当てることができる。2日連続で予想を当てることができる確率はおよそ四分の一だ。10日連続で予想を当てられる確率は約千分の一、およそ0・1％となって、その確率はかなり小さくなる。だが、株価を予想する人が大勢（たとえば1万人ほど）いれば、誰かが10日連続で予想を当てている可能性はとても高くなる。**自分がそうなる確率はとても低いが、誰かがそうなる可能性はとても高い**ということだ。

宝くじは、さらに顕著な例だ。たとえばサマージャンボ宝くじの一等当選確率は一枚当たり概ね一千万分の一である。くじを10枚買えば、百万分の一、すなわち0・0001％となり、自分がそのわずかな確率に当たるのは奇跡に近い。だから、宝くじを買った特定の人に対しては「あなたの買った宝くじは当たらない」といえば、それはほぼ正確な予測になる。その一方で、世間を見渡せば必ず誰かが一等を当てている。

自分にはほぼ起きないことが誰かには起きるというこの現象は、確率というものの重要な帰結のひとつである。だが、それは**人の感情にざわざわとした違和感を生み出さずにいられない。**

自分の株価予想はそんなに当たらないのに、世の中には連戦連勝のすごい投資家がいる。その投資家は、きっと自分の知らない秘密のやり方で相場を予測する術を手にしているに違いない。そう思わずにはいられないのだ。

宝くじであれば、当たるか当たらないかは運次第だということは、誰にでも理解できることだと思う。それでも、もし本当に宝くじを当てた人に直接会う機会があって、「誰にもいっていない話なのだが、霊験あらたかな祠《ほこら》があって、毎日そこで手を合わせるようにしたら宝くじが当たったのだ」

と聞けば、一度はその祠に行って手を合わせてみたいと感じるのが人情というものだろう。

確率に従ってデキゴト（結果）が起きるというメカニズムは、どうも人の心理にはそのまま素直に受け入れられないものなのだ。

デキゴト（結果）には、確率以外に必ず何か明確な原因があるに違いない。

株価の予測を当てた人は、人が知らない何かを知っていたに違いない。宝くじを当てた人は、人とは違う何かをしていたに違いない。人間は、いくら確率を知識として学んでも、そう感じてしまう生き物なのである。これが、ランダムな事象に対処する際に、思い違いや判断ミスをしてしまう大きな要因となっていく。

さて、ここまで説明したところで、ランダム性の特徴について、簡単にまとめておこう。

・因果関係によってではなく、確率によってモノゴトが生起する（偶発的）。そのため、事前に結果を知ることはできない
・個々の結果に対して確率は意味を持たない。しかし、結果を多く積み上げていくと、その積み上げた結果の集合体は確率に従って分布するようになっていく
・確率がわずかしかない事象では、自分がその事象に出くわすことはまずないが、他の誰かが出くわすことは普通にある

ランダムは本当に予測できないのか

「ラプラスの悪魔」の呪縛

前節でみたように、人は「ランダムなデキゴト（結果）は確率によって生じているだけであって、明確な原因があってそうなっているのではない」という考え方を素直に受け止めることが難しい。そして、その心理的傾向は、「ランダムなデキゴト（結果）も本当は予測が可能なのではないか」という感覚につながる。

再びサイコロを例にとろう。たしかに現実の我々には、サイコロの目は完全にランダムに決まるようにみえる。

しかし、サイコロの形状や正確な重心の位置、サイコロを振り出すときの角度やスピード、そのときのサイコロの向きや回転の度合い、サイコロが振り落とされる台の材質や反発力、そして重力や空気抵抗などをすべて正確に知り、精密な計算を行えば、どの目が出るかは結果が出る前に確実にわかるはずだ。落としたコップが割れるか割れないかについても同じことがいえるだろう。結局、ランダムにみえる事象も、本当はランダムなのではなく、ただ知識や情報、計算能力が欠けているためにランダムにみえるだけなのではないか。人類は、長いことそのように考え続けてきた。

そして現在も、多くの人はそう感じているに違いない。その考え方に従えば、真にランダムなデキゴトなどないはずであり、知識を深め、能力を高め、努力を重ねていけば、いつかは必ず完璧な予測ができるようになるはずだ。言い換えれば、全知全能の知性さえあれば、将来は完全に予測できるものとなる。

この架空の全知全能の存在は、その概念を提唱したフランスの物理・数学者、ピエール・シモン・ラプラスにちなんで**「ラプラスの悪魔」**と呼ばれている。

また、このような考え方を決定論という。決定論によれば、すべての事象は因果関係によって決定され、確率などというものは本当には存在しない。だから将来は、実はもうすでに決まっている。そうだとすれば、将来というものは、(現実的には計算が複雑すぎて予測できないとしても）原理的には予測が可能ということになる。原理的には、全知全能のラプラスの悪魔ならば、ということだ。

この決定論の考え方は、おそらく多くの人にとって当然とも感じられるのではないかと思う。これが、知識を増やしたり、努力を重ねたりすることで、少しずつであっても、未来を予測することに近づけるという感覚につながっていく。

人は、今までどれだけ予測が当たらなかったとしても、誰かの予測にすがっては裏切られてきたとしても、それでもまた予測に頼ってしまう。それは、やりようによっては将来を予測することが可能なはずだという決定論的感覚が、人の心理に染みついているからなのだ。

たしかに世の中には、ラプラスの悪魔ならば予測が可能な見かけ上のランダムさも多く存在する。だが、我々はラプラスの悪魔にはなれない。サイコロが振られてから結果が生じるまでの間に、結果を左右するすべての要因を知って予測を行うことも、コップが床に落ちるまでの間にコップが割れるか割れないかを予測することもできない。それでも、**我々の決定論的な感覚は、予測できないデキゴトに対しても、正確に**

予測することで対処しようという気にさせてしまう。これが不確実性への対処を誤らせる大きな要因となっていくのである。

量子力学からの反論

そもそも、決定論は本当に正しいのだろうか。ラプラスの悪魔ならば、本当に未来をすべて予測できるのか。残念ながら、こうした考え方は現在では量子力学というものによって否定されている。ここで量子力学が登場することに驚く読者もいるかもしれないが、決定論の呪縛から逃れるために、量子力学で記述される世界ではたとえラプラスの悪魔でも未来を予測できないのだと知ることは、とても有意義だろう。

現在の物理学では、物質やエネルギーの基本単位である素粒子の運動を、量子力学という理論体系で説明する。素粒子とは、光を構成する光子という粒子や、物質を構成する電子やクォークなどという粒子のことである。クォークは3つが合体して陽子や中性子となり、原子核を形作る。そして原子核と電子が組み合わさって原子ができる。我々の体も、我々が目にするすべてのモノも、この原子から成り立っている。

さて、粒子、すなわち粒というものは、観測することでその存在する場所や運動を特定することができるはずのものである。ドアを開けて部屋をみたときに、ビー玉が床の隅で静止した状態になっていたり、ある地点から一定のスピードで別のある地点に向かって移動中であったりするというようなことだ。粒というのは本来そういうものであるから、それは当たり前のことといえる。

ここで問題となるのは、その粒子が観測によって発見される場所や運動があらかじめ予測できるのかということである。もちろん、決定論に従えばそれは可能なはずだ。ビー玉の例でいうと、もともとビー玉が床の隅に静止していれば、観測者がドアを開けたときもその状態のままだろう。もし誰かがビー玉を転がした後で観測者がドアを開ければ、ビー玉は転がった状態で観測される。その位置と運動は、観測する前の状態さえ特定できれば、計算によって簡単に予測することができるはずだ。

ところが、量子力学による説明ではそうならない。観測されていない素粒子は、異なる状態が重ね合わさった形で存在していて、その状態を特定することはできないとされているのだ。つまり、一粒の素粒子は、観測されない限り、ある場所に特定の状態で存在するのではなく、同時に複数の場所に存在し、同時に異なる運動をしていることになる。ビー玉に置き換えてみると、これは実に奇妙なことだ。

一粒のビー玉が、人がみていない状況では、床の隅に静止していると同時に、床の上をありとあらゆる方向に転げまわっていることになる。

そして、何らかの観測を行うと、その素粒子は神がサイコロを振って決定したかのように、そのときに初めて場所や運動がランダムに決まる（図表1）。

先ほどの例ならば、ビー玉が存在する場所や運動はドアを開けるまではっきりと決まっておらず、ドアを開けた瞬間に初めて決まるといっているようなものだ。

だから、ドアを開けたときにビー玉がどこにどのような状態で発見されるかは、事前に予測することができず、実際にドアを開けてみなければわからない。**それは、知識や情報、計算能力が不足しているからではない。そのときにならないと場所も運動も決まらないからである。**

量子力学が明らかにしたこのような素粒子の不思議な性質を、直感的に理解することはとても難しい。天才物理学者の名をほしいままにしたリチャード・ファインマン

図表1 「不気味」な量子力学のイメージ

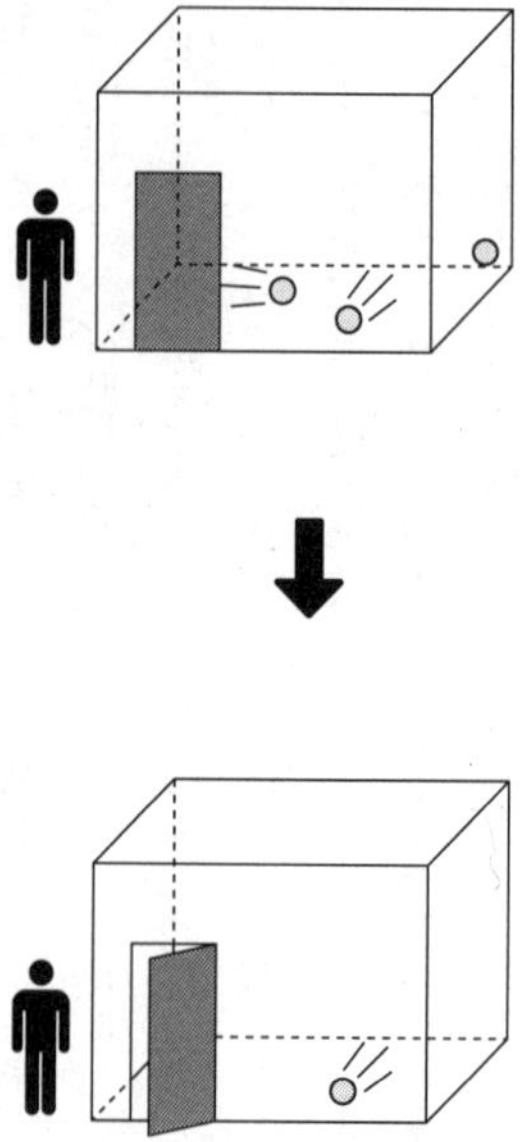

ドアを開ける前の状態では、
ビー玉は複数の場所でさまざまな
運動をしている

複数のビー玉が存在するのではなく、
ひとつのビー玉が複数の状態を
同時にとっていることに注意！

ドアを開けると、ビー玉はある場所で
ある運動をしている状態で観測される

その状態はドアを開けたときに
初めて決まるので、
ドアを開ける前には予測できない！

※このような量子力学的効果は素粒子レベルでみられるものであり、ビー玉はイメージするためのたとえにすぎないことに注意

は、量子力学を本当に理解している人間はいない、という発言をしている。

ただし、量子力学自体は難解でも、量子力学がもたらす帰結は明快だ。素粒子の将来の状態（観測された後の状態）を現時点（観測していない時点）で特定することは原理的に不可能であるということである。たとえ、**全知全能の力を持つラプラスの悪魔であっても未来は予測できない。**つまり、決定論は成り立たない。※4
なぜそうなっているのかについては未だにわからないことが多いものの、そのような不可解な性質こそが、この世を成り立たせる物質やエネルギーの真の姿なのだ。

当初このような考え方が提起されたとき、量子力学の成立にも大きな影響を与えたアルバート・アインシュタインは、「神はサイコロを振ったりしない」と激しく反論した。我々はまだ素粒子の状態を特定する方程式をみつけていないだけで、いつか必ずわかるようになるはずだ、というのがアインシュタインの考えだった。これは、ラプラスの悪魔を擁護するものといえる。

世界最高の頭脳と称されたアインシュタインでさえ、世界の根本に完全なランダム性が存在するという考え方を受け入れられなかったのだ。

だが、その後数十年に及ぶ論争とさまざまな実験による検証の末、最終的に真のランダム性を前提とする量子力学に軍配が上がることとなった。物理の根底に、事前には確率しか存在せず、計算によって将来を正確に予測することが原理的に不可能であるという真のランダム性が存在することが明らかとなったのである。

量子力学とそれに関する論争は、ふたつのことを教えてくれる。人々は、原理的に予測が不可能であるという真のランダム性の存在を、心理的に受け入れることができない。なにしろ、あのアインシュタインでさえそうだったのだ。しかし、それにもかかわらず、**世界の本質的な部分に、真のランダム性は現に存在している。**

量子力学は素粒子レベルという超ミクロな世界の物理学であり、普段の我々にはその効果を直接的に感じることが不可能だ。だから、我々の住む（マクロな）世界には関係のない話だと思われるかもしれない。だが、それは違う。量子力学こそが、もっとも根本的な物理法則なのだ。

この不思議な量子力学的な効果がなければ、宇宙も、生命体である我々も存在することができない。我々になじみ深いマクロ世界の法則はすべて、理解しがたく奇妙極まりない量子力学的効果が集積した結果として現れているものにすぎない。我々の住む世界は、いかに実感することが難しくても、量子力学的効果の上に成り立っているのである。※5

そのような世界の根本部分に、事前に予測することが不可能な性質が横たわっていることは、我々に根本的な発想の転換を求めるものとなる。**すべてを予測しようという考え方は捨てなければならない**、ということである。

※4 残念ながら、量子力学は人の常識的感覚とは完全にかけ離れた帰結を導くので、これを理解しやすいように簡単に説明することはできない。さらにいえば、量子力学が本当に意味するものはまだ完全には理解されていない。その解釈をめぐってはエヴェレット解釈（多世界解釈ともいう）という決定論的な解釈の仕方も存在するが、いずれにせよ重要な点は、量子力学で記述される世界ではラプラスの悪魔の存在が否定されるということである。

※5 量子力学の詳細に興味がある方は、巻末の「より詳しく学ぶためのブックガイド」を参照してほしい。量子力学は誰にとっても完全には理解できないものだが、その概要を知るだけでも世界観が覆されるような衝撃を受けること、間違いなしである。

結果の予測はできないが確率は見積もれる

ランダムウォークと正規分布

ランダムな変動が継ぎ合わされて一連のつながりとなったものを**ランダムウォーク**という。[※6]

パチンコの玉が打ち出されて、釘に当たって右に左に跳ね、ジグザグの軌道を描きながら下に落ちていくさまが、まさにこのランダムウォークである。日本語では**「千鳥足」**と訳されることもあり、これは酔っ払いが右に左にふらつきながら、あらぬ方向に進んでいってしまうイメージを表している。

このランダムウォークは、予測不能なランダムな変動が継ぎ合わされたものなので、図表2において打ち出されたパチンコ玉がどのエリアに落ちてくるか、事前に一

図表2 ランダムな挙動が繰り返されると正規分布が現れる

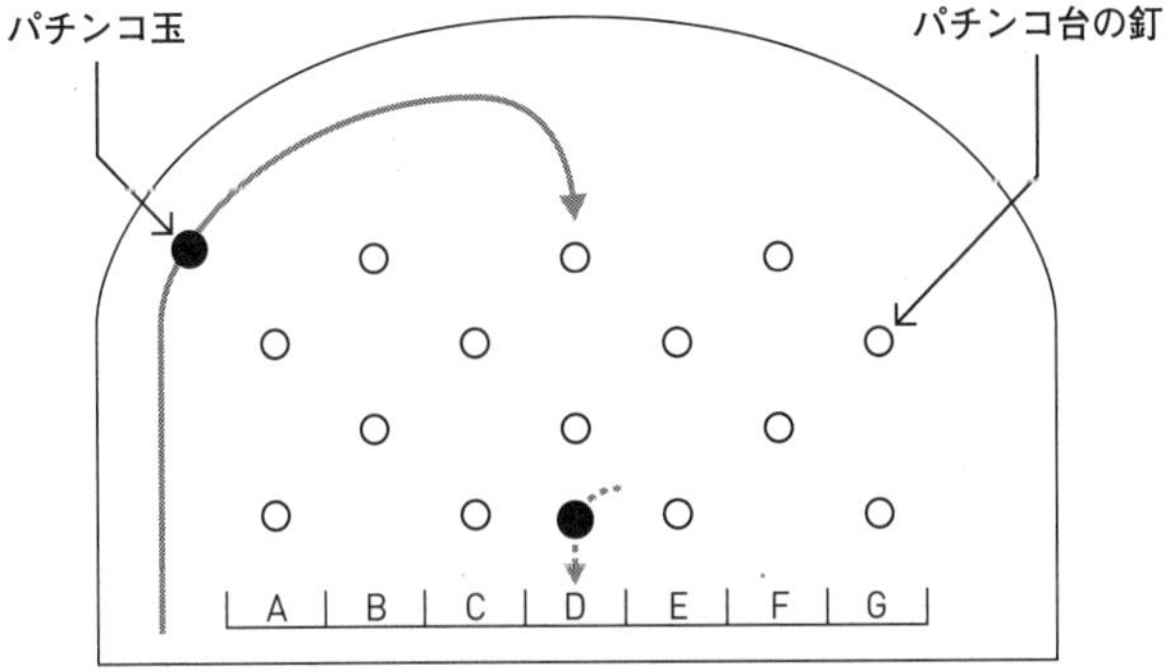

一回一回の試行でパチンコ玉がどこに落ちてくるかはわからない。
だが、何回も繰り返していくと……

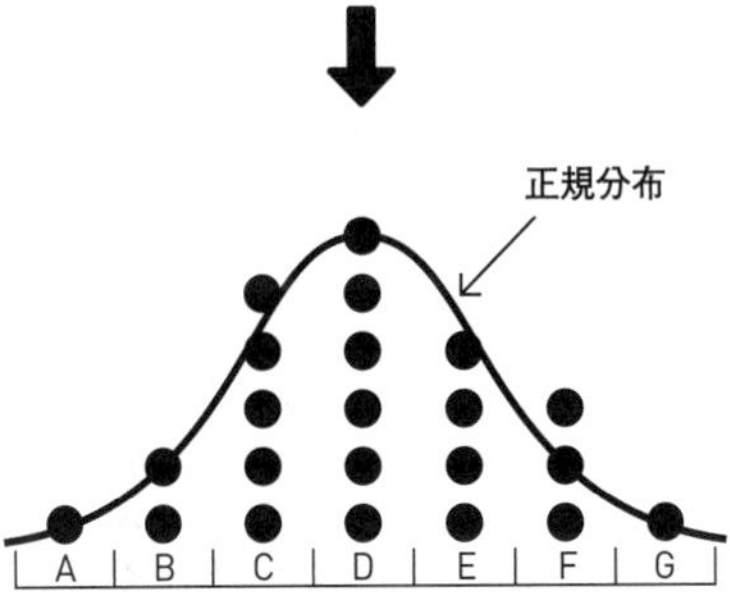

正規分布の釣鐘型の分布が姿を現し始める

回一回の結果を正確に予測することはできない。

だが、何度も試していくと、どのエリアに落ちる頻度がどのくらいかが浮かび上がってくる。ある特定エリアに落ちる頻度がもっとも高くなり、そこから左右に離れるに従って頻度が減少していくのである。最終的にその頻度は図表2の実線で表された左右対称の「釣鐘型」の形状に近づいていく。この釣鐘型の分布が**「正規分布」**と呼ばれるものだ。ランダムな動きの積み重ねが、こうした正規分布を形作るのである。

正規分布では、中心にある平均とか期待値と呼ばれる値が実現する確率が一番高く、それよりも大きな値となるか小さな値となるかは五分五分で、上下いずれにしても平均から離れた値になるに従って、確率はどんどん小さくなっていく。

この正規分布は統計学や確率論におけるもっとも基本的な概念のひとつで、さまざまな場面に登場する。いくつか例をみてみよう。

図表3は、学校保健統計調査のデータからとった身長の分布である。実線で示した理論上の正規分布とほぼ近い形の分布となっている。人の身長の分布は、正規分布に従うと考えられているもののひとつである。

図表3 身長の分布

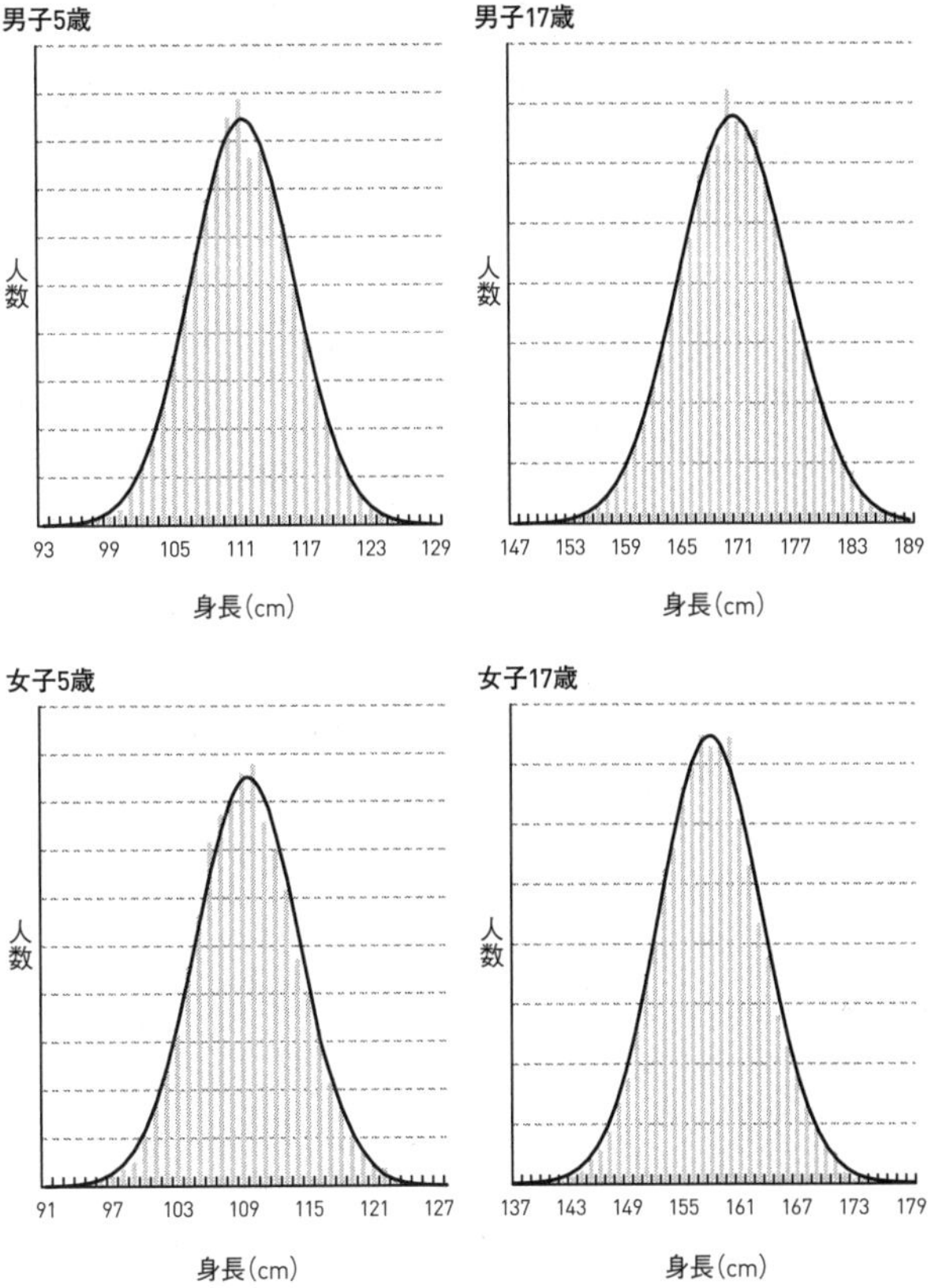

出典:文部科学省、学校保健統計調査、令和元年

※実線は理論的な正規分布を示している

図表4は、全国学力テストと大学入学共通テストの結果の分布だ。テストや試験の場合は、設問の仕方や受験者の特性などによって結果の分布が大きく変わってくるので、必ずしもきれいな正規分布にはならないのだが、平均から離れるに従って人数や頻度が減少していくときの減り方が、正規分布の形にとてもよく似ている。人が持って生まれた知的能力もまた、正規分布に従うと考えられているものだ。

こうした正規分布は、先ほどのパチンコの例でみたように、ランダムウォークの結果として現れる。なぜ、人の身長や知的能力が正規分布に従うと考えられるのかというと、身長や知的能力の違いも、パチンコ玉の行方と同じように、遺伝子の「ランダムな変異の積み重ね」によって引き起こされると考えられているからである。

そのため、パチンコ玉を数多く打てば正規分布が現れるように、大勢の人の身長や知的能力のデータをとれば、やはり正規分布が現れる。

ここで、株価変動をランダムウォークに見立てるとどうなるかを考えてみよう。ちなみに、株価変動をランダムウォークに見立てることは、金融理論や金融実務で広く行われている。後からみていくようにこの見立てが完全に正しいとは言い切れないの

図表4 学力の分布

全国学力・学習状況調査　全国（小学生）　国語　令和元年

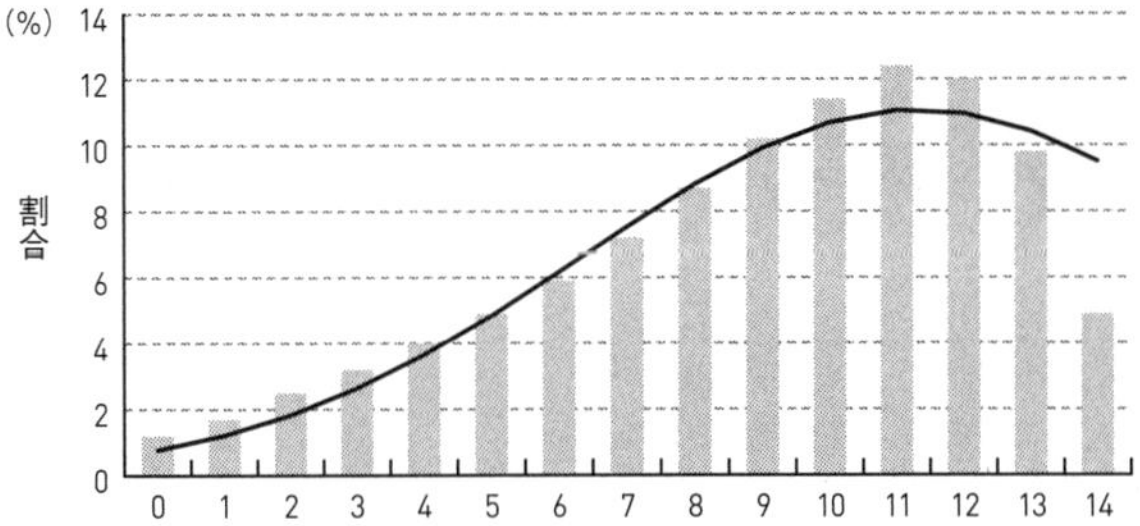

正答数　　国立教育政策研究所報告書より筆者作成

※平均点が高めであるため、分布が右に偏っているが、左側の減少傾向は、べき分布というよりも正規分布の特徴をよく示している

2021年度大学入学共通テスト　5教科総合

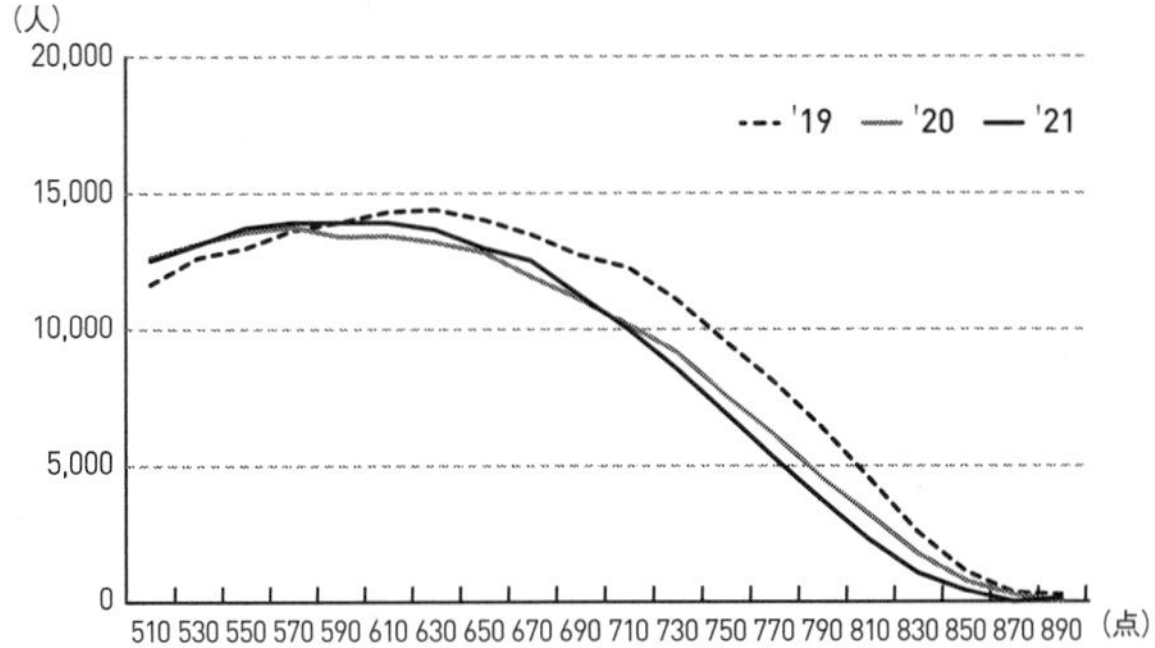

出典：ベネッセコーポレーション／駿台予備学校

※500点以下の分布が示されていないが、上位の分布は正規分布の特徴をよく示している。なお、2019、2020年度の数字はセンター試験のもの

だが、ここではあくまでもランダムウォークに見立てたらどうなるかを考えてみよう。

A社株の現在の株価を1000円だとする。株価がこの水準を出発点としてランダムな動きを積み重ねていくとしたら、1カ月後のA社株の株価がどのくらいになるかという確率の分布は、正規分布によって表すことができるはずだ。

正規分布は、先ほども述べたように、ランダムな変動の積み重ねの結果として現れる、頻度や確率の分布を示す釣鐘型の形状である。正規分布はどれも同じような形をしているのだが、細かい計算をしていくためには、**どこに分布の中心があって、分布がどのくらい広がっているかを特定**しなければならない。

「どこに分布の中心があるか」を決めるのが**「平均（＝期待値）」**、「分布がどのくらい広がっているか」を決めるのが**「標準偏差」**というパラメータである。逆にいえば、このふたつのパラメータさえ特定できれば、正規分布の位置や広がり具合は正確に特定される。

この株価の例でいえば、ランダムな動きは上がるか下がるか五分五分なので、その動きの期待値である「平均」は現在の株価である1000円に等しくなる。[※7]

図表5 ばらつきの大きい正規分布と ばらつきの小さい正規分布

a：価格変動が激しい株の場合

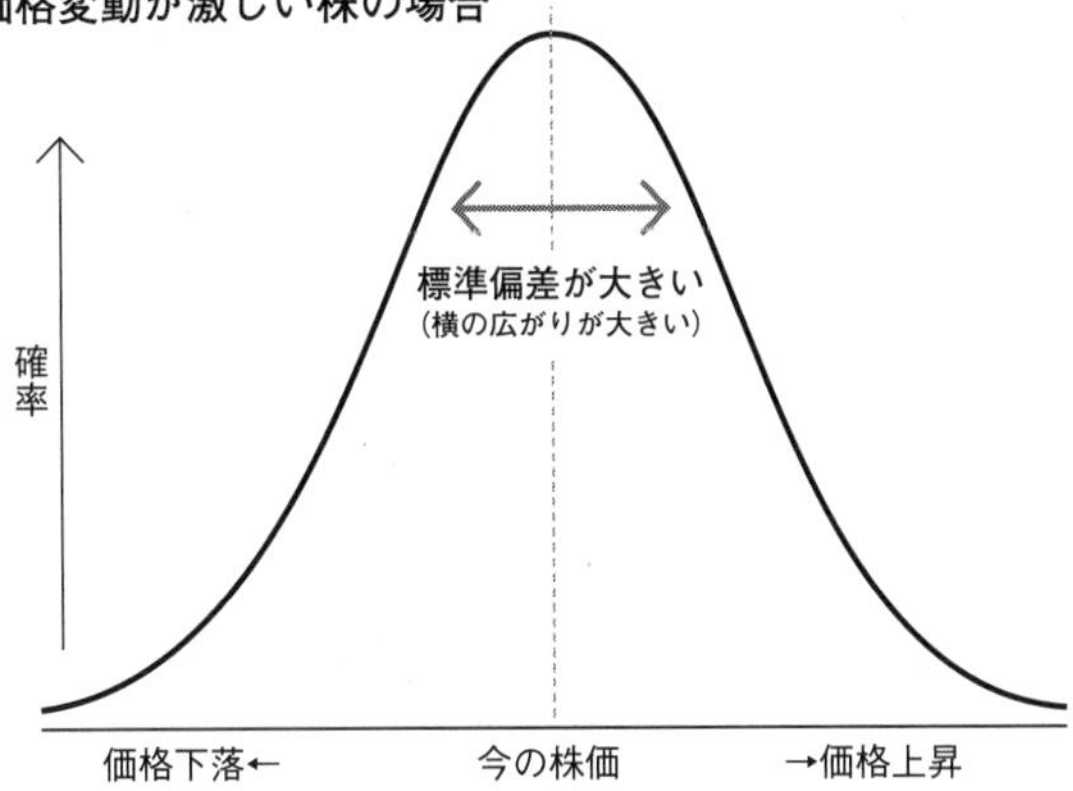

b：価格変動が緩やかな株の場合

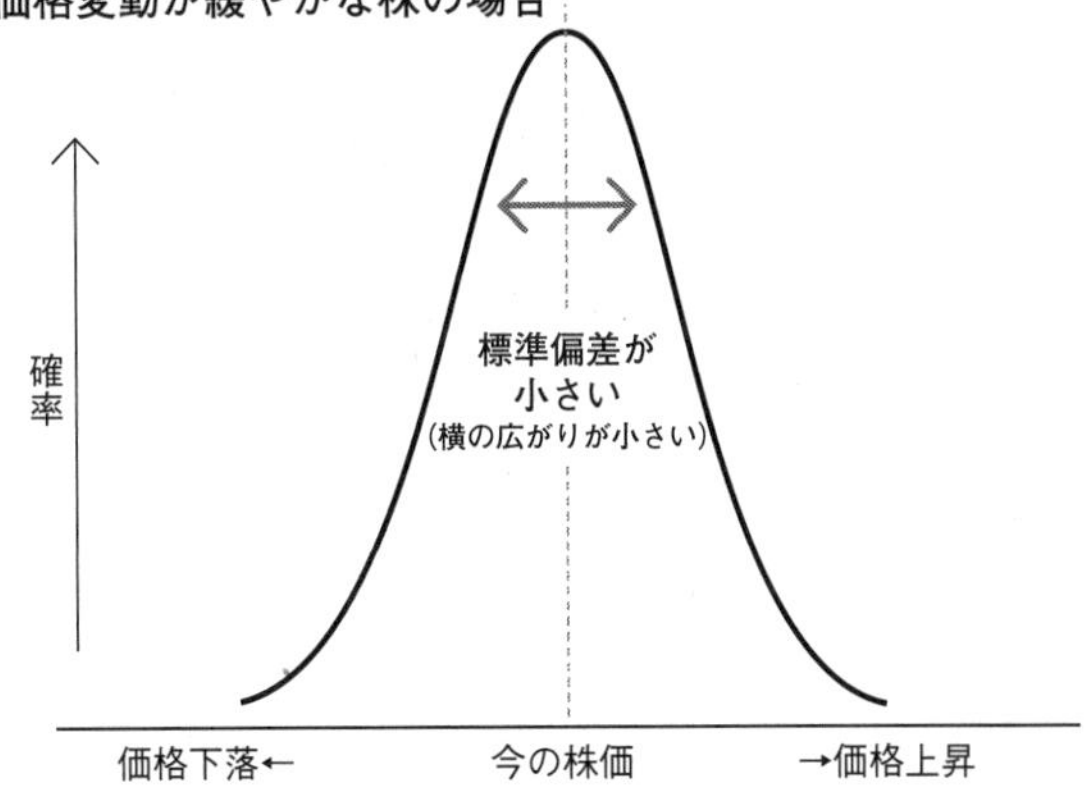

標準偏差は、結果がどの程度ばらつくかを示す指標で、正規分布の横方向への広がりを決めるパラメータである。A社株が普段から値動きが激しい株であれば、当然想定される株価のばらつきも大きくなるので、標準偏差も大きくなり、正規分布は横に広がった形となる（図表5ａ）。A社株が変動の緩やかな安定した値動きの株ならば、標準偏差は小さくなり、正規分布は中心に寄った形となる（図表5ｂ）。

こうして正規分布の位置や広がりが特定できれば、「結果がいくら以下になる確率」や、「いくら以上になる確率」などの確率計算が簡単にできるようになる。この確率計算が簡単にできるという点も、正規分布の特徴のひとつだ。

ここまででようやく、ランダム性に起因する不確実性に対処する方法を考える準備が整った。それでは、その対処法を次にみていくことにしよう。

※6　ブラウン運動ともいう。コップの水にインクを垂らすと、そのインクがじわじわと水の中に広がっていく。これはブラウン運動によるもので、インクの粒子が水分子とランダムにぶつかり、ランダムウォークをした結果として現れる。

※7　厳密にいえば将来の株価の期待値が現在の株価に等しくなるとは限らないが、短期的な保有リスクを考える上ではこのように仮定しても問題は少ない。

ランダム性に起因する不確実性に対処する方法

確率的に対処する

前節まででみてきたように、ランダムなデキゴトの積み重ねは、一回ごとの結果を正確に予測することはできないが、その発生確率を捉えることはできる。その基本的性質から、ランダム性に起因する不確実性にどのように対処すべきかがみえてくる。

つまり、**確率的に記述できる不確実性には確率的に対処する**、ということである。確率的に対処するということは、すなわち第一に、**期待値でモノゴトを考える**ということだ。

期待値とは、起こりうるすべての結果にその結果が起きる確率をかけて合計した平均値のことである。たとえば勝ち負けが完全に偶然に左右され、かつ胴元に中抜きされない純粋な賭け事で得られる利益の期待値はゼロで、もし胴元に手数料が落ちていればその分だけ期待値はマイナスになる。期待値がマイナスの場合は、続ければ続けるほど損失が生まれる可能性が高くなっていくわけだ。

宝くじはたとえば3000円分を購入したとすると、それによって得られる期待賞金額は購入代金の約半分、1500円程度にしかならない。期待値で考えれば、宝くじは購入を繰り返していけばいくほど、購入代金の半分を失っていく行為なのである。投資でも、ただ漠然と売買を繰り返しているだけならば、博打と同じで、利益の期待値（期待リターン）はゼロか、あるいは手数料や税金などのコストの分だけマイナスとなってしまうと考えられている。

短期的にはそれでも利益が上がることはあるが、長い期間漠然とした売買を繰り返していけば、トータルで利益を上げることは次第に難しくなっていく。つまり、長期にわたって投資で利益を上げるためには、単なる博打を繰り返して短期的な勝ち負けに一喜一憂するのではなく、**何十回、何百回と投資を繰り返した後に、トータルで利益を上げることを考えていかなければならない**のである。どうすれば期待値をプラスにできるかを考えることが、確率的に対処する第一のポイントだ。

ただし、期待値というものは一回一回の結果には明確には現れず、数多く試していくことによって次第に浮かび上がってくるものである以上、仮に期待リターンがプラスのやり方をみつけたとしても、それがただちに短期的な成功を保証するわけではない。だから、**長期間そのやり方を続けていくことが必要**となっていくのである。

確率的に対処する第二のポイントは、**たったひとつの断定的な予測に決め打ちをしない**ということである。ある株に投資をするとき、投資家は当然のことながらその株の価格が上昇することを〝期待〟して株を買うわけである。だが、この場合の〝期待〟は、今まで述べてきた期待値の〝期待〟とは意味が違っている。あくまでも、「こうなってほしい」という主観的な希望である。

主観的な希望を持つこと自体は悪いことではなく、それがなければ株に投資しようという気持ちは生まれてこない。だが、それが主観的な希望であって、現実はそのとおりにならない可能性があることは知っておく必要がある。

ここで、ロバート・ルービンの**「蓋然的思考」**というものを紹介しておこう。※8

ルービンは、世界最強の投資銀行であるゴールドマン・サックスでトレーダーとして活躍し、ゴールドマンのトップにまで上り詰めた人物である。その後、政界に転じて、ビル・クリントン政権で財務長官を務め、名財務長官の名をほしいままにした。金融市場、企業経営、財政政策の運営などさまざまな分野で大成功を収めたルービンは、自分自身の考え方を「蓋然的思考」と名付け、それが自分の成功を支えたものであったとしている。

ルービンの「蓋然的思考」とはまさに、モノゴトを断定的に捉えず、確率的に対処していくという考え方だ。何か意思決定をする場合に、ただひとつの断定的な予測に基づいて意思決定するのではなく、客観的な複数の予測に基づいて判断をしていく。

たとえば、

「Aという望ましい結果になる確率が80%あり、そのときの利益は100万ドル、しかし、その一方でBという望ましくない結果になる確率が20%あり、そのときの損失は300万ドル」

というように、**期待値とリスクの大きさを比較して、その上で意思決定**をしていくのである。

今の例でいえば、最大３００万ドルの損失が生じる可能性があるが、期待値はプラス20万ドル（＝＋１００万ドル×80％－３００万ドル×20％）となる。３００万ドルの損失に対する備えができていれば、取り組む価値があるものだとみなせる。

もちろん、このような考え方をしたからといって、いつも成功するわけではない。だが、ルービンは自分の意思決定のよし悪しを一回一回の成功不成功という結果で判断しようとはしない。

起こりうる結果とその確率の見積もりは合っていたとしても、見込んだとおりの20％の確率で、望ましくないBという結果が起きる。そうであれば、**結果は悪かったものの、意思決定そのものは間違っていなかった**ことになる。正しい確率の見積もりをもとに判断を繰り返していけば、やがてその確率が姿を現し、長期的には成功の可能性が高まっていくからだ。だが、本当はBが起きる確率を30％と見込むべきだったのに、20％しか見積もっていなかったのなら、それは間違った意思決定になる。

ルービンの信条は「絶対確実なことなどない」という言葉に集約される。**100%確実なことなどない。将来におけるすべてのことは確率的に捉える必要がある。そして、一回一回の結果ではなく、長い目でみたトータルの結果でその成否が判断されなければならない。**これが、不確実性に対処する一大原則なのである。

リスクを測定する

ランダム性に起因する不確実性はリスクを生む。そのリスクがどのくらい大きなものなのかを測定するためには、やはり確率的に考えていく必要がある。

リスクとは本来、利益が生まれるか、損失が生まれるかわからない状態を指す。**損失が生まれる可能性は、利益が生まれる可能性と一体**のものであり、本来はそれを切り離すことができない。しかし、「リスク」という言葉にすると、その一体のもののマイナスの側面にだけ目が向けられてしまうようになる。その意味で、きわめて誤解を生みやすい用語といえるだろう。

そうはいっても、不確実な世界においてまず考えなければならないことは、その不確実性から受ける打撃が致命的な一撃となるのをいかに防ぐかということだ。
たとえば我々が戦国時代に生きているとしたら、不確実性への対処を誤って命を落とせば再起は永遠に不可能となる。現代においても、投資家が投資で大きな損失を被って全財産を失えば、再チャレンジが困難になってしまう。企業が大規模な設備投資をして、それが裏目に出れば企業の存続が危うくなる。

不確実な世界では、うまくいくこともあればうまくいかないこともある。うまくいくときにできるだけ波に乗るということも重要だが、その前にまず重要なのは、**うまくいかないときに再起が不能になるほどの致命的な損失を被って、次にうまくいくかもしれない機会を永遠に失うことがないようにする**ことだ。
予想外に悪いデキゴトが起きたときにでも、損失が致命的なものにならないようにコントロールしていくことが決定的に重要になる。これが、リスク管理の本質だ。

先ほどまで、リスクには本来プラスの面もあるといっていたそばから、ここでは致命的な損失を被るリスクという、リスクの負の一側面を取り出していることに注意してほしい。致命的な損失を回避することの重要性を簡潔に表す用語として「リスク」以外に適切な用語がないため、以下では「リスク」をそのような意味合いで使うことを、あらかじめ断っておきたい。

さて、この致命的な損失を被る**リスクの測定方法**は、ランダム性に起因する不確実性についてはすでにほぼ確立されている。それが、**ＶａＲ**（Value at Risk＝バリュー・アット・リスク、単にバーと呼ぶこともある）だ。[※9] あまり技術的な話に踏み込むことは本書の目的ではないが、ＶａＲは不確実性を扱う際の基本となる考え方なので、ぜひ押さえてもらいたい。

リスク管理の基本〝ＶａＲ〟

ランダムな事象の積み重ねでは、その結果を事前に予測することはできないが、その確率分布を見積もることはできる。そして、それは正規分布の形をとる、ということを述べてきた。

具体的にイメージしやすいように、ここでも株価の変動を例に挙げよう。現在１株

＝1000円のA社株1万株に投資したケースを考えてみる。投資金額は1000万円だ。あなたは投資家として、これを1年間保有すると考えてほしい。

1年後のA社株の株価は、現在の価格1000円を期待値（＝平均）とする正規分布の形をした確率分布で表すことができるということだった。[※10] 正規分布の形を特定するためには、平均の他に、もうひとつのパラメータである標準偏差を特定する必要がある。ここでは、過去のA社株の株価変動の大きさから、標準偏差が平均となる価格の25％分だと推定できたとしよう。

つまり、平均である1000円にこの25％をかけた250円が、株価の確率分布の標準偏差となる。これで、1年後のA社株の確率分布を描き出すことが可能になった。

分布を特定したら、次のステップとしてA社株の株価が1000円から500円以下に値下がりするケースを考えてみよう。1000万円を投資して500万円以上の損失を被るケースだ。

500円という株価は、平均と標準偏差を使って表現すると、平均（1000円）より「標準偏差（1000円×25％＝250円）×2」分低い価格ということになる。

正規分布では、さまざまな確率計算が簡単にできる。ここでも、株価が500円以下、つまり「平均－標準偏差×2」以下になる確率は、正規分布の確率分布関数というもので簡単に計算できて、図表6のように2・275％となる（エクセルで「＝NORMSDIST（－2）」、または「＝NORM．S．DIST（－2，TRUE）」と打ち込むと答えが得られる）。

同様にして、「株価が1年後に○○円以下になって××円以上の損失が生じる確率」はさまざまに計算できる。これらの確率計算の中から最悪の事態を特定して、その最悪の事態で生じる損失額をリスクの大きさとして捉えればいい。ただし、そのためには、**あらかじめ「最悪の事態」としてどの程度の最悪を想定するのかを、決めておかなければならない。**

なぜ最悪に程度があるのか、疑問に思うかもしれない。最悪は最悪であって、最悪の「程度」とはどういうことか、と。だが、最悪といっても厳密に計算し始めたらきりがない。たとえば、A社がどんなに優良な企業であっても、1年後に破綻して株式が文字どおり紙くずになってしまう可能性は厳密にはゼロではない。だから、本当の

図表6 1年後のA社株の株価を正規分布によって想定する

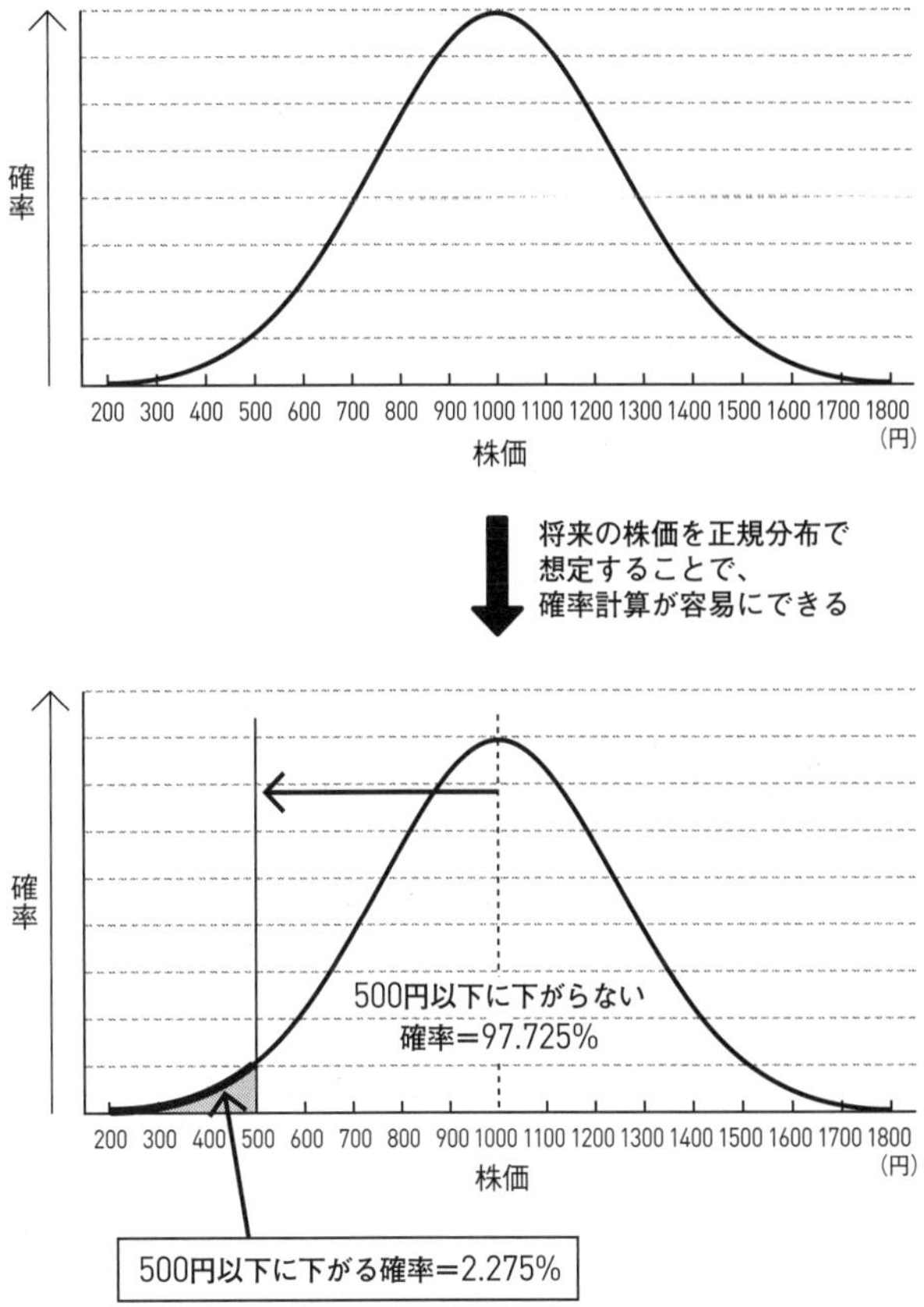

意味での最悪の事態では、どんなものに投資するにしても、投資した金額がすべて失われることを常に想定しなければならないことになる。

だが、それではリスクの大きさを測っていることにはならない。優良な株でもそうではない株でも（あるいは株より安全と考えられる債券や預金でも）、投資した金額がすべて失われる事態を想定していたら、リスクの大小の区別がつかなくなってしまう。それに、投資金額をすべて失うことを想定しなければいけないとしたら、ほとんどの投資家は株式投資などできなくなってしまうに違いない。そしてその結果、先に触れた「リスクをとらないリスク」の問題に行き着くことになる。

だから、**もっと現実的な確率の範囲というものを決めて、その範囲内における最大の損失額に備えるという考え方**が必要となる。

そこで、ここでは97・725％（100％－2・275％）の確率の範囲内で起きる最大の損失額に備えることを考えてみよう。損失に備えるということは、その金額を失っても致命的な打撃とはならないように、あらかじめそれ以上の余裕資金を用意しておくということだ。

さて、先ほどの正規分布で考えると、株価が500円以下に下がって500万円以上の損失が生まれる可能性は2・275%ということだった。だから、もし余裕資金が500万円用意できている投資家ならば、100%－2・275%、つまり97・725%の確率で、損失は余裕資金の範囲内に収まり、破滅を免れるということになる。つまり、この場合「97・725%の確率で生き残ることができる」といえるわけだ。

もちろん、この確率をもっと高く設定することは可能だし、多くの場合ではそのようにすべきだろう。ただ、ここでは考え方を説明することが主眼なので、仮定としてこの数字を使って話を進めていく。

とれるリスクの量を知る

実際のリスク管理の手順では、少し順番が異なる。

最初に、自分の財政事情からみて「いくらまでの損失なら再起が可能な状態を維持できるか」をあらかじめ把握しておく。もしそれが500万円なら、A社株に1年間

1万株の投資ができる、という判断が可能になるわけだ。もし200万円までの損失にしか耐えられない投資家なら、97・725％の範囲で生じる最大の損失額が200万円に収まるように、投資する株数を4千株にまで減らさなければならない。

これが、VaRの基本的な考え方である。

VaRはよく予想最大損失額と訳される。だが、実際には条件付きの予想最大損失額である。前記の例でいうと「97・725％の範囲内での」という条件が付いている。この「生き残り確率」とでもいうべき確率の範囲は、**信頼区間**と呼ばれる。VaRは、あくまでも、この信頼区間の中での最大損失額なのだ。逆にいえば、（1－信頼区間）の確率（前記の例だと2・275％）で、VaRを上回る損失が発生する。それはVaRの定義からすれば当然のことだ。

つまり、**（1－信頼区間）の確率でVaRを超える損失が発生してしまうことは、VaR計算ではもともと想定されていることである。だから、実際に損失が発生したとしても、それはリスク管理の失敗とはいえない。本当の意味でのリスク管理の失敗とは、損失の発生確率を過小に見積もってしまうことだ。**

本当は5％の確率で500万円以上の損失が発生すると見込むべきだったのに、それを2・275％と見積もっていたのなら、それこそがリスク管理の失敗である。本当は97・725％の確率で生き残れると考えていたのに、実際には95％の確率でしか生き残れない状態だったことになるからだ。

逆に、確率の見積もりは合っていて、2・275％の確率で発生すると見積もっていた最悪の事態がその見積もりどおりの確率で実現しただけなら、結果は悪かったものの失敗ではない、ということになる。

もちろん現実的には、いくら見積もりが正確だったとしても、実際に大きな損失を被って破滅を迎えれば、間違いなくリスク管理の失敗だとみなされる。「たまたま信頼区間に収まらない事象が発生した結果として破滅しただけで、リスク管理に失敗したわけではありません」などといっても、誰にも相手にはされないだろう。だから、実際に損失を被ったら、その場合は黙って責任を引き受けるしかない。

そのような事態に陥る確率をできるだけ小さくするためには、信頼区間をもっと高いところに設定すればよい。しかし、信頼区間を100％に近づけていくと、先ほども指摘したリスクをとらないリスクの問題が出てくる。

それだけではなく、稀にしか起きないことに対応しようとすれば追加のコストも発生する。信頼区間を引き上げていくに従い、このような対応コストが加速度的に増加していくのだ。そして、**信頼区間を限りなく100%に近づけていくと、それに要するコストも無限大に近づいていく。**

ランダムなデキゴトの積み重ねでも、偶然のいたずらで極端なデキゴトが起きることが稀にある。そうした稀に起きる極端な事象に対応するには非常に大きなコストがかかるのである。極端な例として、巨大隕石が落下して世界が壊滅してしまう可能性は厳密にはゼロではないが、そこまでのリスクを回避する手段など現実的には存在しないため、対応コストは無限大ということになってしまう（図表7）。だから、結局は**信頼区間を現実的なレベルに設定せざるを得ない**のだ。

このVaRのように、確率的に対処するというのは、どうしても一種のあやふやさを伴うものである。誰しも、確実に成功して、確実に失敗を回避したい。だが、不確実性に満ちた現実の世界では、厳密に確率0%とか、100%という状態は事前には存在しない。事後的に、結果となることによって初めて0%や100%の状態になる。

図表7 信頼区間の引き上げと対応コストの関係（イメージ）

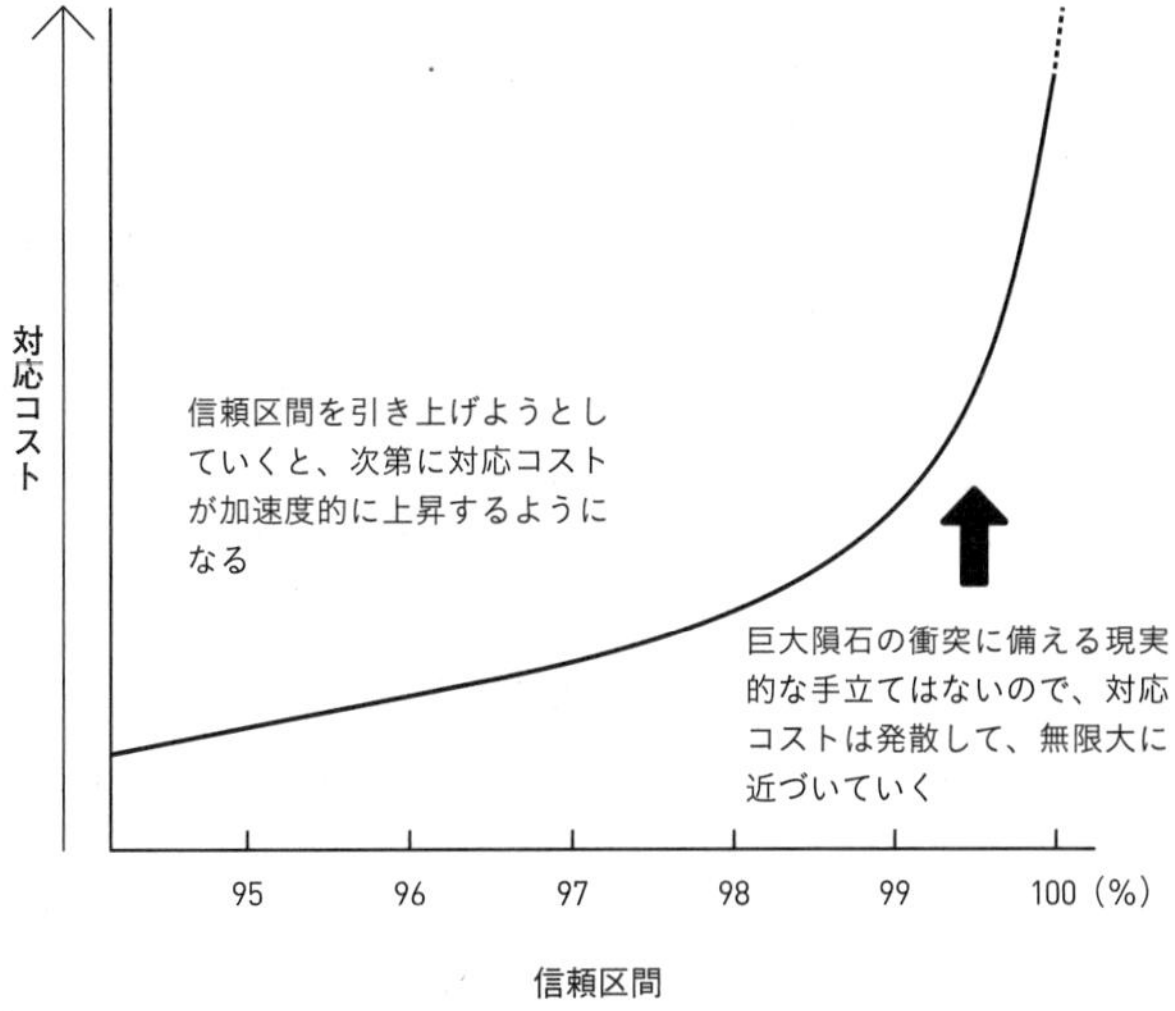
対応コスト
信頼区間を引き上げようとしていくと、次第に対応コストが加速度的に上昇するようになる
巨大隕石の衝突に備える現実的な手立てはないので、対応コストは発散して、無限大に近づいていく
95
96
97
98
99
100（%）
信頼区間

そして、我々は**ランダムに生まれる結果そのものをコントロールすることができない。制御できるのは確率だけ**なのである。

※8　蓋然的とは「確率的」というような意味。

※9　理論的にはVaRよりも望ましいと考えられている期待ショートフォール（ES）というリスクの計測方法も存在しており、金融機関のリスク管理では一部取り入れられるようになっている。ESは、信頼区間外で発生する損失の期待値として定義されるリスク量である。本書では、その詳細には立ち入らないが、いずれの手法でも「確率的に考える」という要点は変わらない。

※10　ここでは、考え方を示すのが主眼なので、多少単純化して説明をしている。

人はランダムにたやすく惑わされる

人はランダムなデキゴトをランダムだと感じられない

さて、ここまで不確実性の第一の源であるランダム性について、その基本的性質と対処法の概要を説明してきた。だが、ランダム性にまつわる本当の問題は、もっと根深いところにある。それは、**人はランダムなデキゴトに遭遇しても、それをランダムなものとは感じないようにできている**ということだ。だから、確率的に対処するという考え方そのものは理解できても、そのやり方を当てはめるべき対象を正しく見極めることができない、という別の問題が生じる。

手始めに、「ランダムな動き」と聞いたときにどのようなものをイメージするかを考えてもらいたい。おそらく多くの人は、バラバラで、とりとめがなく、明確なパターンを示さないものをイメージするだろう。たとえば図表8の1は、コンピュータ上で作り出したランダムウォークの一例だ。これなら、誰もがいかにもランダムな動きだと感じるのではないだろうか。

では、2〜4はどうだろう。

2は、たとえばアベノミクスに乗って株価が大きく上昇するというような動きによく似ている。

3は逆に、さしずめ経済が危機的状況を迎えて、株価がとめどなく下がっているような動きだ。

4は、株価の下落トレンドと上昇トレンドが途中で明確に切り替わっているパターンにみえる。

いずれも、何か明確な背景があって意味がある動きをしているようにみえるはずだ。つまり、ランダムな動きにはみえない。ところが、これらもすべてコンピュータ上のランダムウォークのシミュレーションで作り出したものなのだ。

実のところ、ランダムウォークのシミュレーションを繰り返していくと、そのほとんどが明確なパターンを持っていて、1のようにいかにもランダムにみえる動きとい

図表8 ランダムな動きはどのようにみえるか

1 方向性も特徴もない「ランダムっぽい」動き

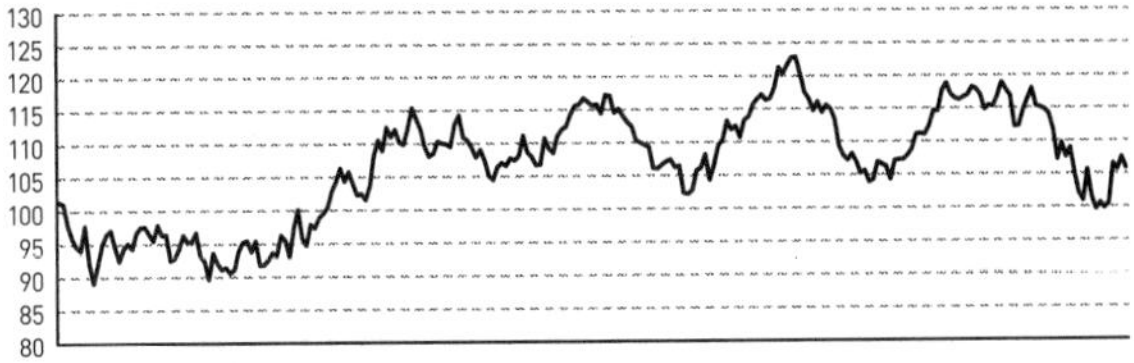

2 バブル期にみられるような加速する上昇トレンド

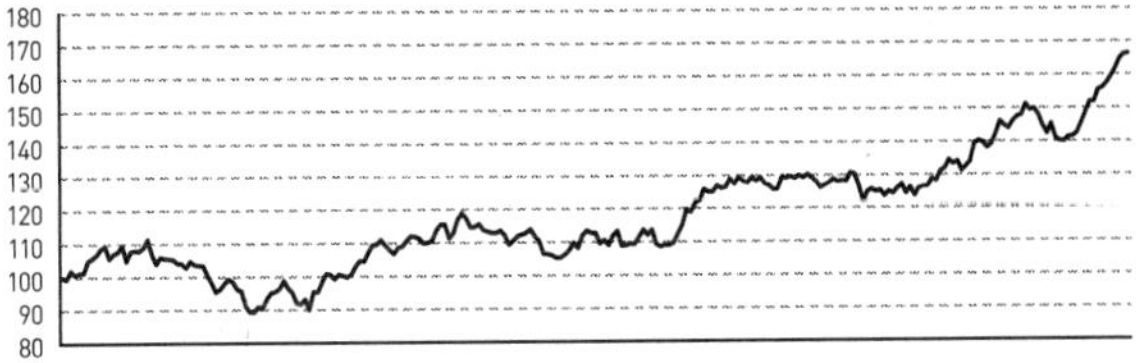

3 株式相場の暴落時にみられるような急激な下落トレンド

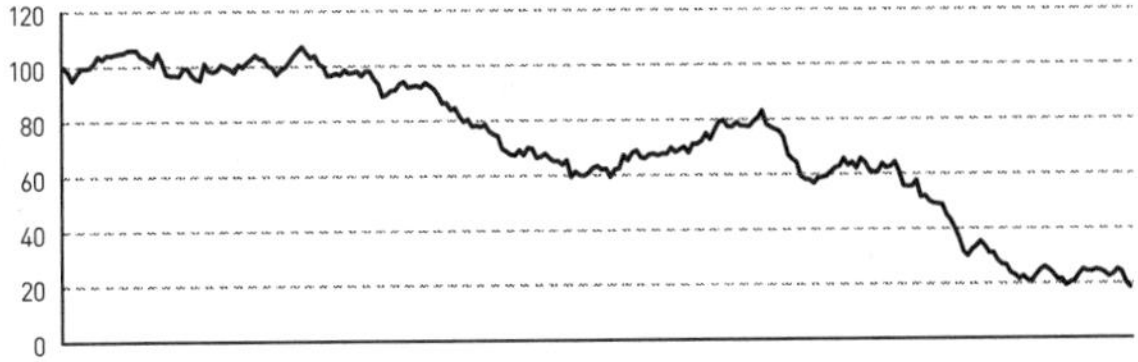

4 明確な下落トレンドから明確な上昇トレンドへの転換

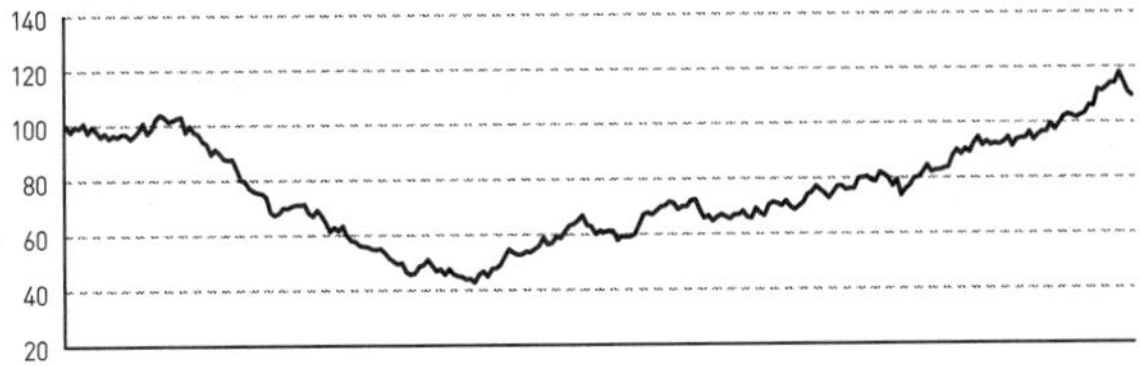

うものは意外に少ない。**ランダムウォークの大半は、人の目にはランダムにはみえないもの**なのである。

同様の例をもうひとつ示そう。コイン投げをして、表が出たら○を、裏が出たら×をつけていく。10回コイン投げをするとして、以下のどのパターンがより現れやすそうだと感じるだろうか。

（1）×○○×○××○×○
（2）○○○○○○○○○○
（3）××××××××××
（4）×××××○○○○○

答えは、「どのパターンも生じる確率はすべて同じ」である。だが、人の目には、（1）はいかにもありそうにみえるものの、（2）～（4）は（1）よりもはるかに起きそうにないものと感じられるはずである。

コイン投げはランダムな事象である。人はランダムな事象では、明確なパターンが現れるとは思わないのだ。だが、ランダムな事象が明確な結果を生むことは、決して不思議なことではない。

なぜ人は、このようにランダム性を誤認してしまうのだろうか。その要因は、人の心理に根差している。**人の心理には、モノゴトを一瞬のうちにパターン化して認識し、「明確な結果には明確な理由があるはずだ」と考える傾向が強く備わっている**のだ。そして、その心理的傾向は、実のところ38億年に及ぶ生命進化の過程を生き抜く中でヒト（およびその進化上の祖先）が獲得してきた特殊な能力なのである。

原因と結果を単純化して結びつけることによって、ヒトはモノゴトをシンプルに理解することができる。モノゴトの理解がシンプルでパターン化されているからこそ、瞬間的に判断を下すことも容易になる。逆にパターンで把握するのではなく、すべての複雑なモノゴトを複雑なままに一から把握すれば、途方もない時間とエネルギーがかかる。

この因果関係を推測する能力のおかげで、我々ヒトの祖先は厳しい生存競争の中で生存確率を高められただけでなく、複雑な概念を簡単に整理することができるようになり、結果的にさまざまな文化を育むことにもつながった。つまり、モノゴトを因果関係で捉えることは、（たとえそれが厳密に正しくはないとしても）ヒトのヒトたる所以ともいうべき能力なのである。だが、その副産物として、**因果関係を持たないランダムな動きを素直に受け止めることができない**という心理的傾向が生まれた。

たとえば、コイン投げで先ほどの（2）の結果をみせられたら、「これは明確なパターンを持っているから、ランダムな動きなどではなく、何か明確な原因によって生じた動きだ」と感じ、「このコインは表が出やすいように細工されたコインなのだろう」と考える。（4）の結果をみせられたら、「これはイカサマで、何かカラクリがあるに違いない」と思う。

この傾向は、すべての事柄に当てはまる。**明確な結果を伴うデキゴトには必ず明確な原因があると考え、確率的に対処するという考え方を当てはめようとは思わない。**だから、たまたま相場予測を当てた人がいた場合に、それを偶然の産物であるかもしれないなどとは考えずにカリスマ視してしまう（「確率がわずかしかない事象では、自分がその事象に出くわすことはまずないが、他の誰かが出くわすことは普通にある」というランダム性の性質を思い出してほしい）。そして、そのカリスマにあやかって、いつか自分も相場を予測できるようになりたいと願うのである。

世の中はランダムに満ちている

人はランダムなデキゴトをランダムとは感じないという点は、いくら強調しても足りないだろう。この感覚は、本能的なものであるがゆえに、決して消えることがないからだ。そして、そのことはとても重要な帰結を導く。**人はランダム性の存在とその影響を常に過小評価してしまう**のだ。

人はランダムな動きの多くをランダムなものとは捉えない。だから、世の中の至るところにランダム性が存在していても、そのほとんどに気づかない。

「人生に運不運があることくらい知っているさ」と思われる人もいるかもしれない。しかし、人がランダム性の存在を本能的に過小評価するという傾向からすれば、まず間違いなく、そう思っている以上にランダム性は身の回りに普遍的に存在している。

それだけではない。**デキゴトの結果が明確で重大なものであればあるほど、人はランダム性ではなく、もっと納得しやすい他の原因をみつけてこようとする。**つまり、ランダム性による影響を過小評価する分、別の因果関係を過大に評価するようになるのだ。

だから、宝くじの当選者に教えてもらった霊験あらたかな祠で手を合わせたくなる。宝くじは完全にランダムなもので、普通に考えれば「祠に手を合わせる→宝くじが当たる」の因果関係は成り立ちそうにない。それでも、「宝くじが当たった」という明確な結果には、明確な原因があったはずだという感覚を完全になくすことはできない。

そして、どうしても明確な因果関係がみつからない場合は、運命を持ち出してくる。運が良かったとか悪かったという偶然の結果を、必然性を伴う運命という概念で置き換えるのだ。

運と運命はまったく異なるものである。運は良いこともあれば、悪いこともある。だが運命は、運が良いこと（あるいは悪いこと）が起きることは運命なのだ、という具合に、偶然により生じるものを必然的なものとして捉えるものだ。

私は宝くじに当たったことがないので、実際のところはどうなのかわからないが、もし高額賞金が当たったら、何かしらの運命を感じるのではないかと思う。

運命とは「うまく言葉では表せない原因があって、その結果としてデキゴトが生じている」と考え、稀な事象を説明不能な因果関係で説明しようとするものである。人は、そうした概念を持ち出すほどに、**明確な結果を偶然のせいだと考えることを嫌う**のだ。


宝くじというランダム性の果たす役割が明確な事例ですらそうなのだから、世の中のデキゴトの大半では、ランダム性による影響を他の因果関係で置き換えることはもっと自然に行われているに違いない。

株価の変動にランダム性がみられることは実証的にも明らかなのだが、新聞の株式欄では「昨日の株式市場では、とくに明確な理由はなかったものの、たまたま株価が上がった」などと報じられることはなく、必ず何か理由が付けられて解説が行われる。こうした解説の多くは、株価が上がったという事実につじつまが合うように後付けで拵《こしら》えられたものなのだが、そうした**後付けの解説がもてはやされるのは、人々が因果関係による説明を好むから**である。

成功者をカリスマ視し、失敗した者を糾弾することも、同じ感覚から生まれる。成功も失敗も、明確な原因による必然的な結果だと捉えるのだ。だが実際には、**成功・失敗も、ある程度は確率的な現象**である。もちろん成功者には成功の要因があり、失敗をした者には失敗の要因があったかもしれない。だが、そこには必ず偶然の働きもあったはずであり、したがって成功や失敗も、すべては確率的に捉える必要がある。**成功を収めたカリスマのやり方を１００％真似たところで、ランダム性の影響がある以上、その成功は決して再現できない。**

ランダム性は、一見単純な概念のようにみえて、実のところとても奥深く、簡単に語り尽くせるものではない。しかし、不確実性の全体像をつかむためには、ランダム性の話はこのあたりで切り上げて、次に進まなくてはならない。不確実性には、ランダム性とは違う、もうひとつの重要な源があるからである。

この章のまとめ

まず、この章の冒頭では、「未来＝〝すでに起きた未来〟＋不確実性」という式を提示した。この式は、これからの議論の出発点となるものだ。未来を構成するふたつの部分のうち、〝すでに起きた未来〟は予測可能な未来であり、予測の努力はこの部分に対して注ぎ込まれるべきである。だが、もうひとつの不確実性は予測できない部分だから、予測以外の別の方法で対処しなければならない。

予測不可能な不確実性の根源にはランダム性がある。ランダム性とは、事前には確率しかなく、結果はその確率に応じて偶発的に生起するだけというメカニズムだ。我々人間は、モノゴトが明確な因果関係のもとで生じ、したがって原理的には予測可能と考える決定論に陥りがちである。そのためこの決定論に従わないランダム性を過小評価したり、ときに理解できなかったりする。だが実際には、決定論は必ずしも成り立ってはいない。

最新の物理理論に目を向ければ、そのことはより明らかとなる。現代物理学の根幹ともいうべき量子力学では、我々の世界は決定論では説明できないメカニズムで成り立っていることが示唆されている。

結果が確定的に予測できないというランダム性は実に厄介なものだが、多くの事例を集めると正規分布が姿を現すようになる。それは、とりもなおさず確率を計算できるということだ。だから、ランダム性に対しては、確率的に対処するという方法が考えられるようになる。

簡単にいえば、博打を打つのではなく期待値を高める努力をするということと、短期的な結果に振り回されずにそれを長期的に続けていくということだ。一回一回の結果はコントロールできない。あくまでもコントロールできるのは確率だけなのである。不確実性を克服する近道は、残念ながら存在しない。

さて、実際にこうしたランダム性が影響する範囲は我々の周囲にどのくらいあるのだろうか。私の考えでは、ランダム性の影響は非常に広範に、かつ強力に及んでいる。少なくとも、我々人間がランダム性を過小評価しがちである以上、「世界は思っている以上にランダム」であることは間違いない。

column01

ファンドマネジャーはサルに勝てない

大勢の投資家の資金をまとめて運用する仕組みを「ファンド」という。ファンドマネジャーは、その運用方針を決める運用の専門家だ。多くの投資家は、高名なファンドマネジャーが運用するファンドを、高い手数料を支払ってでも購入しようとする。高学歴で、ファイナンス理論をみっちり学び、高額の年収を得ている著名なファンドマネジャーならば、自分たちよりも運用がうまいはずだと考えるからだ。その根底には、「株式相場を予測できる術はどこかにあり、特定の誰かがその術を知っているはずだ」という考え方がある。

それでは、実際のファンドマネジャーたちの成績はどうなのだろうか。実は、さまざまな実証研究で、**ファンドマネジャーたちの平均的な運用成績はきわめて凡庸なものである**ことが示されている。この事実は、運用の専門家だからといって株式相場の変動を他の人よりもうまく予測できているわけではないことを意味している。一体、なぜこのようなことになるのか。

株式相場がランダムに変動しているのだとしたら、どんな専門家でも相場の先行きをうまく予測することができない。そのため、ファンドマネジャーの平均的な成績が凡庸なものであるという事実を、株式相場がランダムに動いている証拠だと考える人たちも多い。そのような考え方を端的に表す有名なたとえ話がある。投資本の名著とされるバートン・マルキールの『ウォール街のランダム・ウォーカー』という本に書かれ、その後さまざまな投資関連本の中で紹介されているものだ。

まず、壁に株式の銘柄を並べた紙をはる。そして、サルにその紙に向かってダーツを投げさせて、ダーツが刺さったところに書いてある銘柄に投資をしていくのだ。このように「ダーツ投げをするサルによって投資する銘柄が決められるファンド」と、「高名なファンドマネジャーが運用するファンド」を比較すると、両者に基本的な優劣は発生しない。

もちろん、偶然の作用で、結果としてファンドマネジャーの成績の方が良くなる可能性はある。だが、同等の確率でサルがファンドマネジャーを上回る可能性もある。つまり、合理的に期待できる運用収益（期待リターン）は同じなのだ。

高名なファンドマネジャーは高い手数料を取るであろうことを考えると、合理的に期待できる投資家の手取り額は、むしろ少なくなってしまう。株式相場が完全にランダムなものであれば、起きるのはそういうことだ。そして、現実の世界でも、実はそれに非常に近い結果が示されている。

ファンドマネジャー全体でみればそうかもしれないが、個々のファンドマネジャーをみれば、明らかに優秀な成績を収めているファンドマネジャーだっているじゃないか、という反論があるかもしれない。だが、ダーツ投げのうまいサルを100匹揃えてそれぞれファンドの運用をさせれば、そのうちの何匹かはカリスマ・ファンドマネジャー並みの成績を残すことになるはずだ。もちろんそれもたまたまの結果である。

偶然は人々が思う以上に現実の世界に影響を与えている。そして、**偶然はカリスマやスターを生み出すこともできる。**人が、明確な原因と結果が織りなす必然の物語だと思っていることも、実は偶然のいたずらにすぎないかもしれないのだ。ファンドマネジャーとサルの対比は、そのことを思い起こさせてくれる格好の題材として、長く語り継がれているのである。

第2章

フィードバック

——原因と結果の不釣り合いが直感を欺く

ランダム性では説明できない
もうひとつの不確実性

予想外の大変動

1987年10月19日の月曜日、米国株式相場は前週末比で22・6％も下落し、一日当たりとしては史上最大の暴落を記録した。いわゆる「ブラックマンデー（暗黒の月曜日）」である。

第1章でみてきたように株価が完全なランダムウォークで、その株価変動の発生確率を正規分布で表せるとして、これほどの大変動が起きる頻度はどれくらいになるだろうか。

計算すると、およそ1阿僧祇《あそうぎ》年に一度という途方もない結果がはじき出される。阿

僧祇といわれてピンとくる人は少ないと思うが、これは我々が普段使う万、億、兆のはるか先にある数字で、

10の56乗＝100000000000000000000000000000000000000000000000000000000

に相当するものだ。宇宙の年齢が１３８億年といわれているが、１阿僧祇年の時間の中では、それも一瞬にすぎない。さて、ここで当然疑問が生まれてくる。ブラックマンデーは１阿僧祇年に一度のデキゴトがたまたま１９８７年10月19日に起きただけなのだろうか。

どんなに稀なことも絶対に起きないと言い切ることはできないとはいえ、あまりにも確率が低すぎて、簡単には想定しづらい。そこで、他に参考になる情報がないか探してみる。

図表９は、１９５０年以降で米国株価の一日当たり変動率の絶対値が大きい日を上位15位まで順番に並べたものだ。それぞれ単純な正規分布を前提にした計算で、平均して何年に一度発生する規模のものかを併せて示している。

この上位15例はいずれもここ三十数年のうちに起きており、とくにそのうち12例は

図表9 米国の株価変動率上位15事例(1950年以降)

変動順位	日付	株価変動率	正規分布を仮定した場合に、何年に一度起きるかを計算したもの
1	1987年10月19日	-20.5%	1阿僧阿祇(あそうぎ)年
2	2020年3月16日	-12.0%	290京年
3	2008年10月13日	11.6%	14京年
4	2008年10月28日	10.8%	544兆年
5	2020年3月12日	-9.5%	1,453億年
6	2020年3月24日	9.4%	671億年
7	2020年3月13日	9.3%	380億年
8	1987年10月21日	9.1%	127億年
9	2008年10月15日	-9.0%	87億年
10	2008年12月1日	-8.9%	48億年
11	2008年9月29日	-8.8%	24億年
12	1987年10月26日	-8.3%	1億年
13	2008年10月9日	-7.6%	463万年
14	2020年3月9日	-7.6%	421万年
15	2009年3月23日	7.1%	36万年

※S&P500指数。1位のブラックマンデーの変動率について、本文ではダウ工業株指数の下落率−22.6%を使用しているため、表とは少し数値が異なっている。
なお、網掛けをしてある事例は、コロナショックによって生じたもの

２００８年以降の事例なのだが、一番下の事例でも計算上は36万年に一度しか発生が想定されない規模のものだということがわかる。

ここまでくれば明らかだろう。正規分布を前提として計算した発生確率は、恐ろしいほどに的外れなのだ。つまり、**極端に大きな株価変動は、正規分布の前提で計算するよりもはるかに頻繁に発生している。**

第1章では、株価変動をランダムなものと想定して、正規分布によってリスクを計測する考え方を示してきた。それは完全な間違いだったのだろうか。いま一度整理してみよう。

図表10は実際の株価変動の頻度分布である。

正規分布よりも中心部分が高くなっているという特徴はあるが、左右に適度にばらけ、中心から離れるに従って発生確率がゼロに近づいていくという正規分布の性質は十分に現れているといえるだろう。つまり、全体として株価変動を正規分布に見立てることは、それほど的外れだとはいえない。

少なくとも、「株価の変動はランダムウォークに近い動き方をするので、プロでも

図表10 米国の月間株価騰落率（1950年〜）

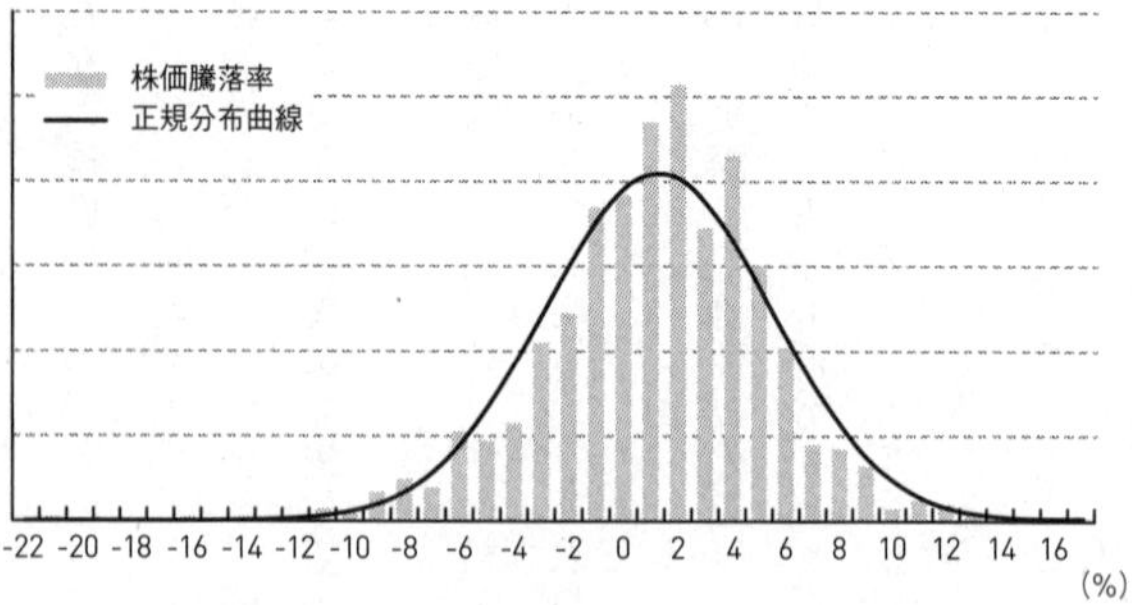

Yahoo!Finance（USA）より筆者作成

予測できない」という話をする分には、十分に通用するのである。

だが、こうした全体的な印象論では見落としてしまいがちな稀なデキゴトに焦点を当て始めたとたんに、正規分布が完全な的外れとなる世界が広がってくる。

リスク管理では、致命的な事態に陥ることを避け、一定の確率で生き残ることを目指すのが主目的だった。だが、致命的な損失をもたらす事態の発生確率が想定よりもはるかに大きなものであれば、そうした考え方の根幹を揺るがすものとなる。事実、こうした正規分布に当てはまらない極端なデキゴトこそが、現在のリスク管理における最大の課題となっているのである。

これはファットテール問題とも呼ばれている。**ファットテールとは、稀にしか起きないと考えられている極端なデキゴトが、実際には頻繁に起きること**を意味している。もともとは「分厚い裾」というような意味の言葉で、「裾」は正規分布で中心から離れた左右の両端のところを指している。正規分布を富士山にたとえれば、その裾野に当たる部分だ。この「裾」が正規分布で想定されるよりも分厚い（つまりは発生確率が高い）ということから、ファットテールと呼ばれるようになった。

正規分布で表されるものでも、稀なデキゴトが起きることはある。年当たりの発生確率が一万分の一のデキゴトは、平均して1万年に一度は起きる。ファットテールは、そう考えていたデキゴトが実際にはもっと頻繁に、たとえば10年に一度起きていることを示すものだ。ファットテールが存在するということは、**極端な事象が起きる確率を正規分布では正しく捉え切れない**ことを意味しているのである。

さらにいえば、**正規分布で稀なデキゴトの発生確率を正しく見積もることができないのであれば、そのデキゴトはランダムな動きの積み重ねとは別の要因から生まれていることになる。**なぜなら、ランダムな動きの積み重ねは正規分布で表せるはずだからだ。こうして、ランダム性以外の要因に起因する新たな不確実性の存在が浮かび上がってくることになる。

べき分布の出現

新たな不確実性がなぜ生まれるのかについてはこの後で考えていくことにして、まずは、正規分布とは異なるもうひとつの確率分布の話をしておこう。それは、極端な事象が頻繁に発生すること、すなわちファットテールをうまく表すことができると考えられているもので、**「べき分布」**と呼ばれている。

前章では、身長や学力、あるいは（全体としてみた場合の）株価変動は、概ね正規分布に従っているようにみえるということを述べた。ところが、我々の身の回りにはもうひとつよくみられる分布の形状がある。それがべき分布だ。

「べき」というのは、「Xのa乗」などいわゆる累乗によって表される値のことである。べき分布は、ある事象が起きる頻度または確率が、何かの値の「べき（＝累乗）」

によって表されるものをいう。さて、数学的な定義はこれくらいにしておいて、とりあえず、べき分布とは、**稀な事象の発生確率が正規分布のようには減少していかないもの**だと考えてもらえばよい。

たとえば、地震のエネルギーの大きさと発生頻度の関係は、このべき分布に従うと考えられている。地震は、エネルギーの小さなものが頻繁に起こり、エネルギーの大きな地震はそれほど頻繁に起こらない。ここまでは、正規分布とたいして違いはない。しかし、「べき分布に従う」という場合には、地震のエネルギーが大きくなっていったときに、その発生頻度は下がっていくものの、その下がり方が緩やかで、なかなか下がり切らないことを意味する。つまり、エネルギーがけた外れに大きい巨大地震も、それなりの頻度で（正規分布で想定されるより頻繁に）起きることになる（図表11）。

他の例もいくつかみてみよう。たとえば、所得の分布は、正規分布ではなくべき分布に従っている実例のひとつと考えられる。図表12は、給与所得の分布を示したものだ。やはり、平均からかけ離れた高額の所得を得ている人が、それなりに存在する。

図表11 正規分布とべき分布

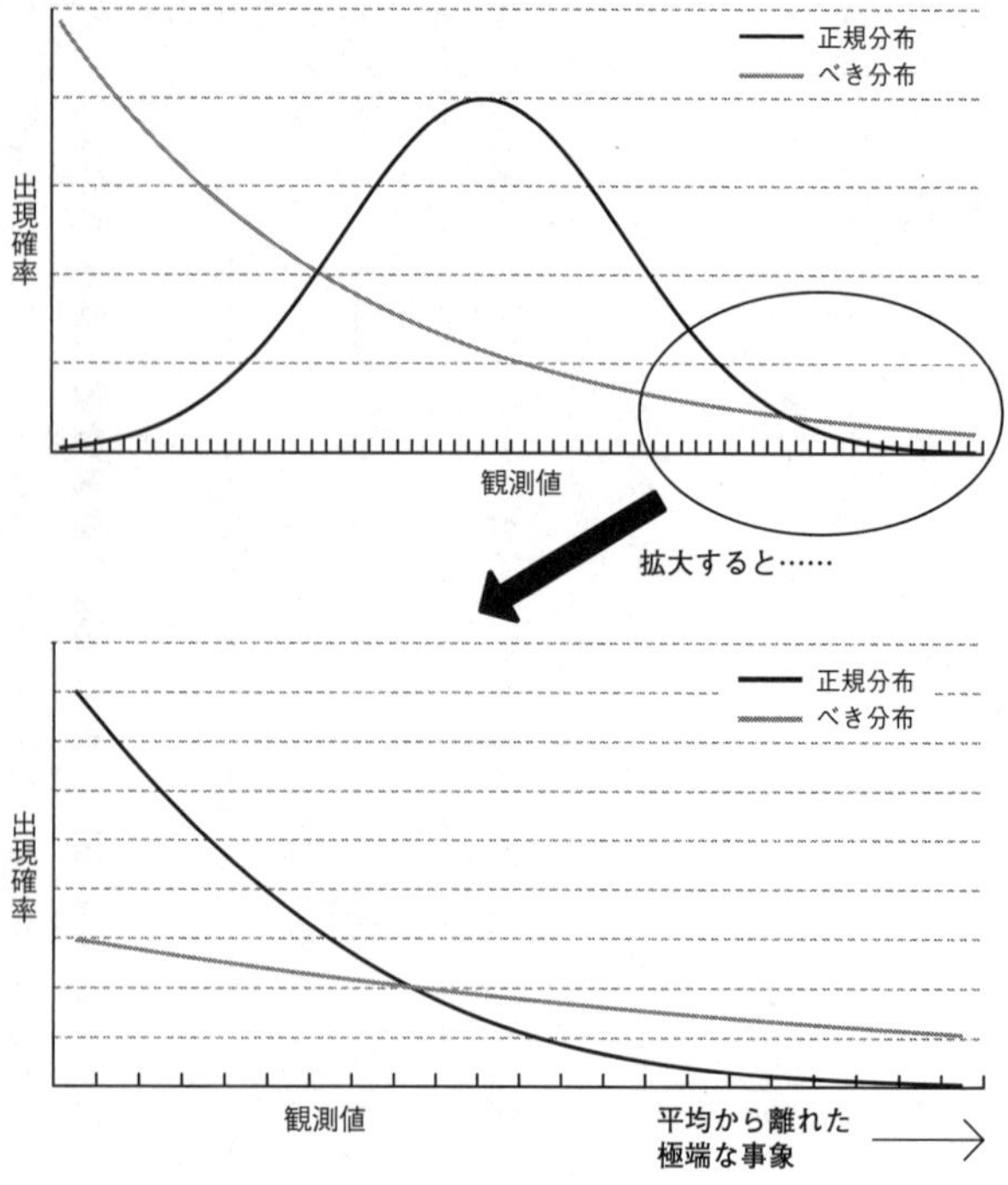

べき分布では、観測値が平均から離れていっても、
出現確率が正規分布ほど低下しない

||

極端なデキゴトが起きやすい！
（ファットテール）

図表12 給与所得分布にみられる"べき分布"

所得帯	人数(千人)
100万円以下	4,568
200万円以下	7,432
300万円以下	7,838
400万円以下	8,907
500万円以下	7,652
600万円以下	5,328
700万円以下	3,397
800万円以下	2,315
900万円以下	1,542
1,000万円以下	1,012
1,500万円以下	1,850
2,000万円以下	436
2,500万円以下	124
2,500万円超	151

平均から離れた
高額所得者が
それなりにいる!

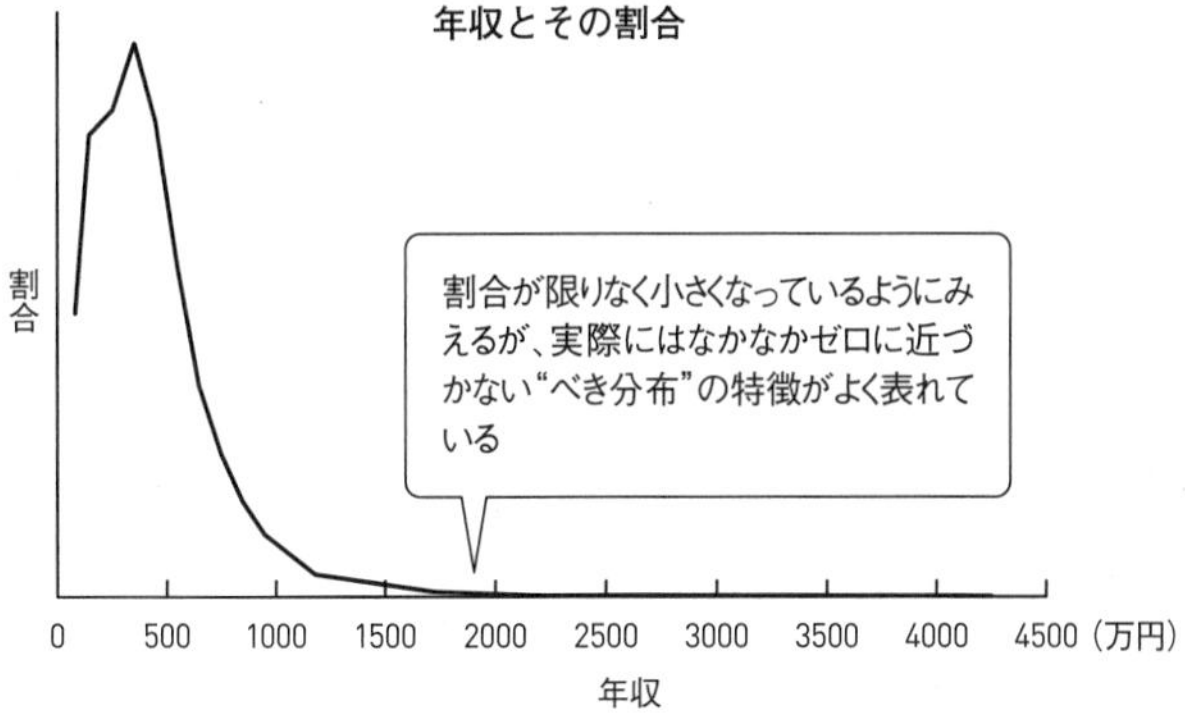

出典:民間給与実態統計調査(国税庁)令和元年分
(グラフは同データから筆者による調整を加えたもの)

べき分布の性質を多面的に理解するために、少し表現を変えてみよう。所得の上位x％という場合のxを一定の割合で小さくしていくと、そのx％の人が得ている所得の額が一定の倍率で膨らんでいくのだ。たとえば、このデータでは、所得の上位5％の人は1000万円弱以上の所得をもらっている。xを五分の一にして上位1％でみると、その所得は60％以上増えて1600万円以上となる。同様に、xをまた五分の一にして上位0・2％をみると、やはり所得は60％ほど増えて2600万円以上となる。

母数が十分に大きい場合には、こういうふうにxを一定割合で絞っていっても、該当する人数はなかなかゼロにはならない。一方で、xを絞るたびに所得の額は一定の比率で増加していくので、やがて平均から大きく離れた高額報酬を得る人がそれなりに現れるようになる。

企業内での昇格や昇給を考えてみるとイメージがしやすいと思う。一般社員の中から管理職に昇格する人は一定の割合しかいない。そして、昇格すると給料はそれなりの割合で増える。以後も、企業内の階層を上がるたびに、何らかの比率で人数が絞られ、同時に何らかの比率で昇給する。一般社員から何階層も上がったところにいる役員も必ず一定の人数が存在し、給料は一般社員よりもかなり高い。最後に、組織のトップである社長も、必ずひとり存在し、その給料は一般社員の給料より何倍も高くなる。

こうした構図は基本的に万国共通だ。ただし、日本では大企業の社長の年収は一般社員の数十倍といったところだが、これが米国の大企業になるとＣＥＯ（最高経営責任者）の年当たり報酬額が何十億円といった水準になり、平均的にみて一般社員の給与の３００倍以上にもなる。

人が持って生まれた能力は、前にも触れたとおり基本的には正規分布に従っていると考えられている。たとえ社長やＣＥＯが人並み外れた能力を持っていたとしても、さすがに普通の人の30倍とか３００倍の能力を持っているとは考えられない。身長が48メートルや４８０メートルの人がいないのと同じことだ。つまり、**所得の分布は、能力の分布をそのまま反映していない**。組織や社会における役割に応じて、それとはまったく別の形の分布となっているのである。

企業価値を例にしても、まったく同じような傾向がみられる。

図表13は、企業価値を示す時価総額の大きさを順位に従って並べたものだ。今までみてきた頻度グラフとは少し違うものだが、これもべき分布の特徴のひとつをよく示している。順位が上がるに従って、時価総額はますます大きくなっていき、最上位の企業は平均からかけ離れた巨大企業となっているのだ。

ここで、あらためて、べき分布の特徴をまとめておこう。

・平均から離れたデキゴトが起きる確率は逓減していくが、正規分布ほどには減っていかない
・その結果、平均から大きく離れた極端なデキゴトが、正規分布で想定されるよりもはるかに頻繁に起きる
・見方を変えて、発生確率を一定比率で絞っていくと、その絞った確率で起きるデキゴトはどんどん平均から離れた極端なものになっていく
・順位で並べると、上位にいけばいくほど極端さが増していき、最上位階層は平均から大きくかけ離れた存在となる

図表13 企業時価総額の分布（2021年6月）

日本

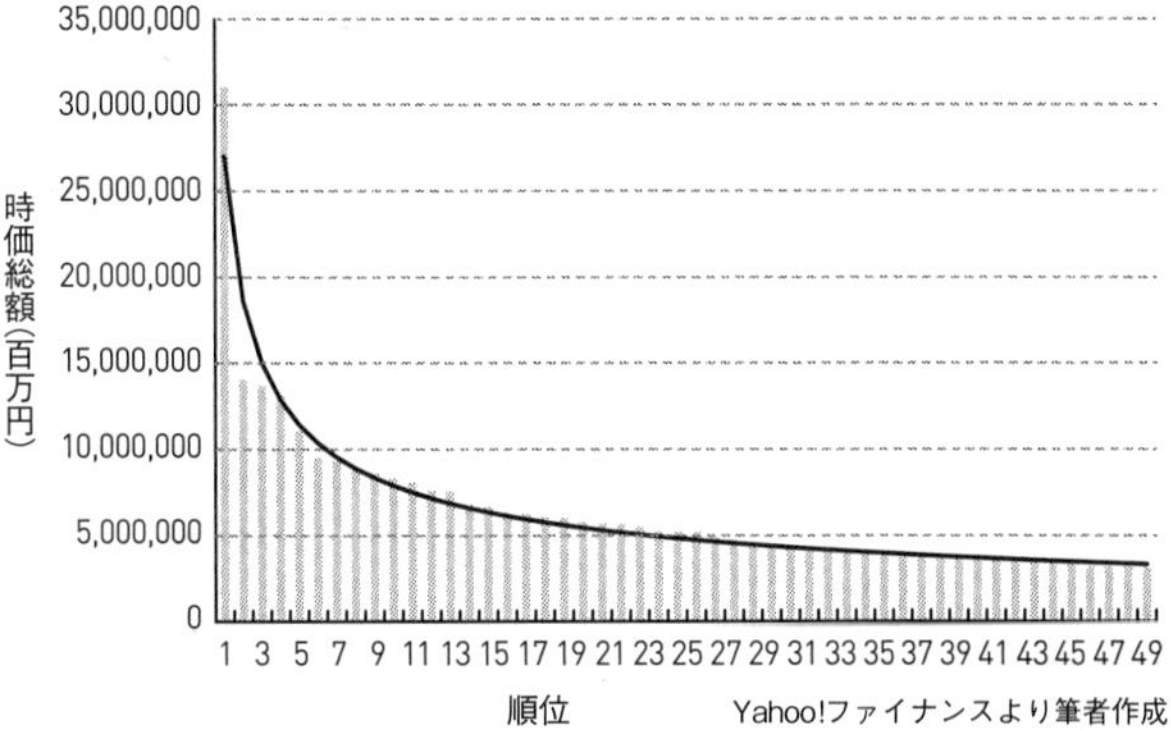

Yahoo!ファイナンスより筆者作成

世界

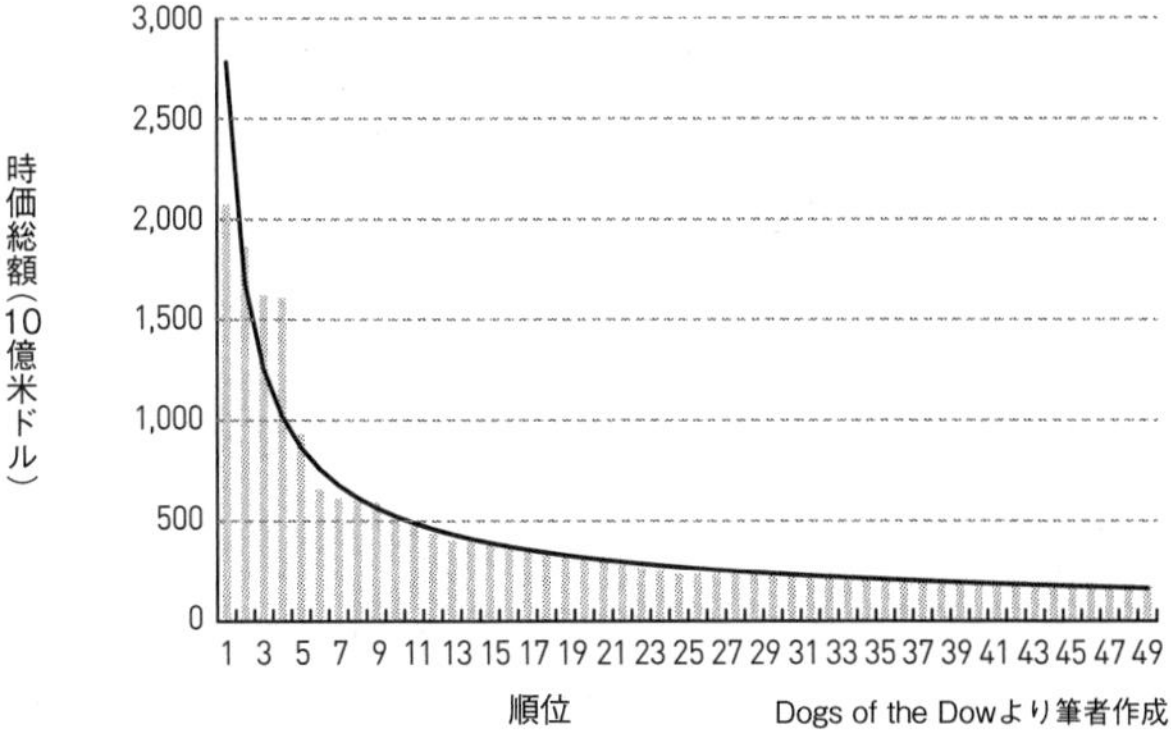

Dogs of the Dowより筆者作成

※実線グラフは理論的なべき分布を示している

前項で取り上げた株式相場にこれを当てはめて、株価変動の確率分布をあらためて考えてみよう。そうすると、**全体としては正規分布に形状が似ているものの、その分布の「裾」、すなわち大きな価格変動が起きるエリアでは、その発生確率の分布は先で述べたべき分布の性質を持つようになっていく**と考えられるのだ。それは極端な株価変動が頻繁に起き、ときにはブラックマンデーのような大暴落さえ発生することと整合している。

ここで、不確実性の定義として有名な**「ナイトの不確実性」**というものを簡単に紹介しておこう。

この定義を提唱したフランク・ナイトは、結果は予測できないものの、その発生確率が推定できるものを「リスク」と呼び、発生確率すら推定できないものを「不確実性」と定義した。後者が「ナイトの不確実性」と呼ばれるものである（本書では、ナイトが「リスク」と呼んでいる部分も不確実性のうちに含めて話を進めている）。今ここで取り上げようとしている第二の不確実性は、まさにこの「ナイトの不確実性」に相当するものと考えられる。

ランダム性に起因する不確実性は正規分布に従う。正規分布は、平均と標準偏差というふたつのパラメータを持つひとつの決まった式で表される。ふたつのパラメータが特定できれば、確率分布も特定できる。だから、どのようなデキゴトがどのくらいの確率で起きるかも計算できる。つまり、「ナイトのリスク」の定義に当てはまる。

ところが、べき分布の場合は同じことがいえない。べき分布には、式が「べき(=累乗)」で表されるという共通項はあるものの、その式にはいくつものパターンが存在し、その式を用いて確率を計算するためには、これまたいくつものパラメータを推定する必要がある。事後的に、過去のデータに整合的になるように式やパラメータを推定することはもちろん可能だが、それによって**将来起きる極端なデキゴトの発生確率を必ずしも測定できるようになるわけではない。**

たとえば湖に調査に出かけ、そこで観察した白鳥(Swan)がすべて白かったとしよう。そこで「白鳥(Swan)はすべて白い」と考えることが、過去データに基づく推定に相当する。だが、調査した白鳥がすべて白かったからといって、黒い白鳥(Black

Swan）が存在しないことの証明にはならない。

この黒い白鳥のたとえ話から〝ブラックスワン〟という言葉は、過去に起きたことのない極端なデキゴトが起きることの意味でしばしば用いられる。ファットテール現象の中でもとくに極端な事象を指すものだ。この〝ブラックスワン〟[※11]からもうかがえるように、ファットテール現象は、信頼に足る確率の推定ができないという点で、「ナイトの不確実性」に相当するものと考えられるのである。

このように極端なデキゴトの発生確率を推定することが現実的に困難であることは、不確実性への対処を考えていく上で重要な点になるので、頭にとどめておいてほしい。さて、次はこの第二の不確実性がどのように生まれるのかを探ってみよう。

※11　ナシーム・ニコラス・タレブ『ブラック・スワン』を参照のこと。

何がファットテールを生むのか

原因不在の株価大暴落

　ファットテールの発生メカニズムを考えるためには、まずそのもっとも端的な事例であるブラックマンデーがどのように起きたのかを考えてみるのがよいだろう。この史上最大の暴落劇はどうして起きたのだろうか。

　これほどの大変動であったからにはよほどの原因があったに違いない。そう考える人は多いはずだ。実際に、多くの分析が行われ、さまざまな原因が取り沙汰されてきた。株価が高くなりすぎていた、米国の利上げが原因となった、ポートフォリオ・インシュアランス[※12]と呼ばれるシステム売買が引き金を引いた、等々だ。ところが、実際のところ、どれもこれほどの大暴落が起きたことに対しての納得できる説明とはなっていない。

株価があらゆる指標からみてブラックマンデー発生当時よりも高いのに暴落が起きなかったことはいくらでもある。

米国では過去に数え切れないほどの利上げが行われてきたが、ブラックマンデー級の暴落など他にはただの一度も発生していない。

ポートフォリオ・インシュアランスやそれに類したシステム売買は当時から今日に至るまで毎日行われているが、なぜそれが１９８７年10月19日に限って大暴落を引き起こしたというのか。

また、これらの要因をいくら組み合わせてみたとしても、やはり暴落を引き起こした明確な原因は浮かび上がってこない。

つまり、**ブラックマンデーという史上最大の暴落は、納得できるような明確な原因なしに起きた**というのが、実際のところなのである。逆にいえば、**予測可能な明確な兆候がなくても、これほどの大暴落が発生しうる**ということになる。

ただし、原因が明確でないとしても「どのようにして暴落が広がっていったか」というプロセスについては、ある程度わかっている。そしてそれは、ブラックマンデーに限らず、過去に株式市場で起きたすべての暴落劇に共通するものだ。**「売りが売りを呼ぶ」というプロセス**である。

このプロセスには、実際にはさまざまなタイプの投資家が複雑に絡んでくるのだが、ここでは、代表例としてふたつだけ挙げよう。

まずは、信用取引で株を買う投資家である。信用取引で株を買うというのは、要するに証券会社からお金を借りて株を買うことだと考えてもらえばよい。たとえば、自分で用意した１００万円に、証券会社から借りた２００万円をプラスして３００万円分の株を買う。

株価が10％値上がりすれば、３００万円の10％で30万円の利益が出る。自分で用意した自己資金１００万円に対する利益率は30％だ。株価の上昇率が10％なのに、信用取引を活用することで利益率は30％となるのである。

これをレバレッジ効果という。外国為替証拠金取引（ＦＸ取引）になじみがある読者はそれをイメージしてもらってもいい。ＦＸ取引にも自己資金の何倍分もの取引をすることが可能となる仕組みが備わっており、レバレッジ効果を効かせた投資が可能になっている。

このレバレッジ効果は、利益だけではなく、損失においても同様に効く。つまり、株価が下落した場合には、その下落がレバレッジの分だけ膨れ上がって自己資金の損失率に跳ね返ってくる。


一方、お金を貸している証券会社にとっては、投資家が損失を発生させても、投資家自身が用意した自己資金が残っている限り、損失はその自己資金の目減りにつながるだけで、貸したお金の返済には支障が生じない。投資家の自己資金が、証券会社にとってのバッファーとなっているのである。ところが、株価が下がり続けて損失が拡大していくと、やがて投資家の自己資金は底をついて、証券会社が貸したお金の返済原資にまで損失が及ぶようになる。それを防ぐために、証券会社はバッファーとなる自己資金の水準が一定以上になるように常にコントロールをしている。つまり、株価が下がって自己資金が目減りし始めると、投資家に自己資金をさらに積み増すように求めるのだ。これが「追証《おいしょう》」といわれるものである。

この追証に応じられない投資家は、買っていた株を即座に売却して証券会社に借りたお金を返さなくてはならない。こうした仕組みによって、株価が一定以上に下がっていくと、追証に応じられない投資家からのやむにやまれぬ売りが増えていくことになるのである。そして、株価が下がったことによって生じたこの売り自体が、新たな株価下落の要因となっていく。

次に取り上げる投資家は、リスク管理を徹底している金融機関やファンドなどだ。こうしたプロの投資家は、損失が雪だるま式に膨らむことを避けるため、リスク管理のためにさまざまな社内ルールを作っている。たとえば損失が一定水準に達したら、保有しているものをすぐに売却する、というようなものだ。

また、銀行や証券会社であれば、当局によって保有するリスクの量を一定以下に収めるように規制を受けている。株価が急激に下落すると、保有株のリスクが大きいと判断されて、やはり保有しているものを売らなければならないケースが出てくる。

いずれにしても、株価が下落して保有する株式に損失が発生する状況になると、こうした種々のリスク管理ルールや規制によって保有株を売却しなければならなくなるのだ。このリスク管理のための売りが、やはり新たな株価の下落要因となる。

このように、株価が下がると株を売らないといけない投資家が出てきて、そのためにさらに株価が下がる。そして、それによって株価がさらに下がると、また新たに別の投資家が株を売る必要に迫られるという具合に、連鎖的な反応が生まれる。これが「売りが売りを呼ぶ」といわれるプロセスである。


実際には、こうした売りの連鎖が始まるかどうかはさまざまな要因に左右される。自分が投入できる資金を目いっぱいに投入して信用取引を行っている投資家が多ければ多いほど、株価が下落したときに追証に応じ切れなくなって株の売りが出やすくなる。プロの投資家がやはり目いっぱい株を買っていればいるほど、彼らのリスク管理上の要請による売りが出やすくなる。強気とか弱気といった市場のムードといわれる定義の難しい投資家の集団心理のようなものも、この「売りが売りを呼ぶ」プロセスが動き始めるかどうかに影響を与える。

そうしたさまざまな要因によって、ある一定の株価の下落が起きたときに、それが「売りが売りを呼ぶ」プロセスを発動させて思いもかけない大きな株価下落につながることがあるというわけだ。ただし、そうなることもあれば、そうはならないこともある。

ここで重要な点は、「売りが売りを呼ぶ」プロセスが発動するきっかけとなる最初の株価下落が、明確な理由によって引き起こされたものである必要はないということだ。だから、**たまたま起きただけのランダムな株価下落が、このプロセスを引き起こす可能性もある。**

さらにもうひとつ重要な点は、**「売りが売りを呼ぶ」プロセスがいったん始まると、それがどこで止まるかはわからない**という点である。ある程度株価が下落したところでこのプロセスがぴたりと止まることもあれば、連鎖反応が延々と続いて大暴落にまで発展することもある。

実際に、ブラックマンデーは、原因があまり明確ではない株価下落をきっかけとして「売りが売りを呼ぶ」プロセスが連鎖した結果生じた、原因のない大暴落だったのである。

結果が結果を生む

ここで、株価暴落を招く「売りが売りを呼ぶ」プロセスを、前章で取り上げたランダムウォークと比較してみよう。

ランダムウォークは、一つひとつはまったく方向性のないランダムな動きの積み重ねであった。それでも、たまたま同じ方向の動きが積み重なることで極端な結果が稀に生じる。ところが、**「売りが売りを呼ぶ」プロセスには、方向性が存在する。**株価が下がったことがさらなる株価下落の原因となるのだから、たまたま同じ方向の動きが積み重なる場合よりも、**はるかに頻繁に極端な結果が生じる**ことになる。これが、ファットテールを生み出す大きな要因となるのだ。

べき分布に従う他の事例も考えてみよう。まずは所得の水準だ。先ほども述べたように、会社内での昇進で、組織の階層を一段ずつ上がっていくに従って何かしらの割合で人数が絞られて、一方で何かしらの割合で昇給すると考えると現実の所得分布を説明できる。このとき、昇給額の幅は、階層を上がるにつれてどんどん大きくなっていくことになる。

元の年収が500万円の人が一段階昇格したときに600万円に昇給するとしたら、元の年収が1000万円の人が一段階昇格すると1200万円になる、という具合だ。

つまり、もともと高収入を得ていた者ほど大幅な年収アップの機会に恵まれるということになる。このような「高収入が高収入を呼ぶ」プロセスが、所得のべき分布を形成していると考えられるのである。

企業価値についても同様で、似たようなメカニズムがやはり存在する。それは**「成功が成功を呼ぶ」プロセス**だ。

パーソナルコンピュータ（PC）時代の覇者となったマイクロソフトの飛躍のきっかけは、IBM製のPCに、重要な基本ソフトウェアであるOS（オペレーティング・システム）を提供したことだった。当初IBMは、デジタルリサーチ社という別の会社にOSの提供の話を持ちかけていたのだが、この契約がまとまらなかったため、マイクロソフトにお鉢が回ってきたのである。だがマイクロソフトは、幸運によって舞い込んだこの成功をきっかけに巨大企業に飛躍していく。ＩＢＭ製のＰＣはやがて業界標準となり、それに伴ってマイクロソフトのＯＳも業界標準となった。ＯＳが業界標準となったことは、ビジネス展開の上で非常に有利な立場をマイクロソフトにもたらす。そして、その有利な立場を徹底的に利用することで、マイクロソフトは「成功が成功を呼ぶ」プロセスに見事に乗ったのだ。

このようにひとつの成功がその後の大きな成功の土台となることは、ビジネスの世界の至るところにみられる。もちろん、成功した者が次もまた必ず成功するとは限らない。だが、何らかの割合で、小さな成功をより大きな成功に結びつけることができる企業が現れる。そして、さらにその中から、やはり何らかの割合で、大きな成功をもっと大きな成功に結びつける企業が現れる。そして、成功の階段を上がるごとに、得られる成果はますます大きなものとなっていく。

こうしたプロセスの連なりによって、数はわずかでも、平均から大きく離れた巨大企業が出現することになる。これが、企業価値におけるべき分布を作り出すのである。

以上でみてきたように、**べき分布を生む事例に共通してみられるのは、ある結果が生まれたときに、その結果が原因となって結果が再生産されるという自己循環的なプロセス**である。この結果が結果を生むプロセスは、**フィードバック**と呼ばれている。

次節で、少し詳しくこのフィードバックについて整理していくことにしよう。

※12　株価が下がると損失の拡大を防ぐために持ち株を売るというプログラムが組み込まれた自動売買手法。

“予想外”を生むフィードバックのメカニズム

結果を増幅するフィードバック、抑制するフィードバック

フィードバックはさまざまな意味で用いられる言葉であるが、一般的には、**あるプロセスから生まれたアウトプットを、そのプロセスのインプットとして戻すこと**をいう。

簡単な例で示そう。

ここに、x＋1という式がある。最初にx＝1を代入してみると、結果は1＋1＝2となる。次にその結果である2をもう一度xに代入、つまりインプットに戻して再計算をしてみる。今度は2＋1＝3だ。このように結果が原因となって新たな結果が

生まれるのがフィードバックである。

これをさらに繰り返していくことも可能で、3＋1＝4、4＋1＝5というようにフィードバックが繰り返されることを、フィードバック・ループと呼ぶ（図表14）。

前節でみたようなべき分布の背後にある「結果が結果を生む」プロセスは、まさにこのフィードバックの一種なのである。

株の暴落を引き起こす「売りが売りを呼ぶ」プロセスでは、誰かの売りによって株価が下がるという結果が、今度は原因となって、新たな株の売りを誘発して株価がさらに下がるという新たな結果を生む。このプロセスはループ、すなわち循環構造を生みやすく、株価が下がる→売りが誘発される→株価が下がるというプロセスが、登場人物を入れ替えながら延々と続く可能性がある。その結果として、極端な株価の下落が生じる。

こうした連鎖反応は、悪い方向だけに作用するものではない。第3章で詳しくみていくバブルのように、株価上昇が株価上昇を呼ぶという上方向にフィードバックが作用することもある。「高収入が高収入を呼ぶ」プロセスも「成功が成功を呼ぶ」プロ

図表14 フィードバック・ループとは

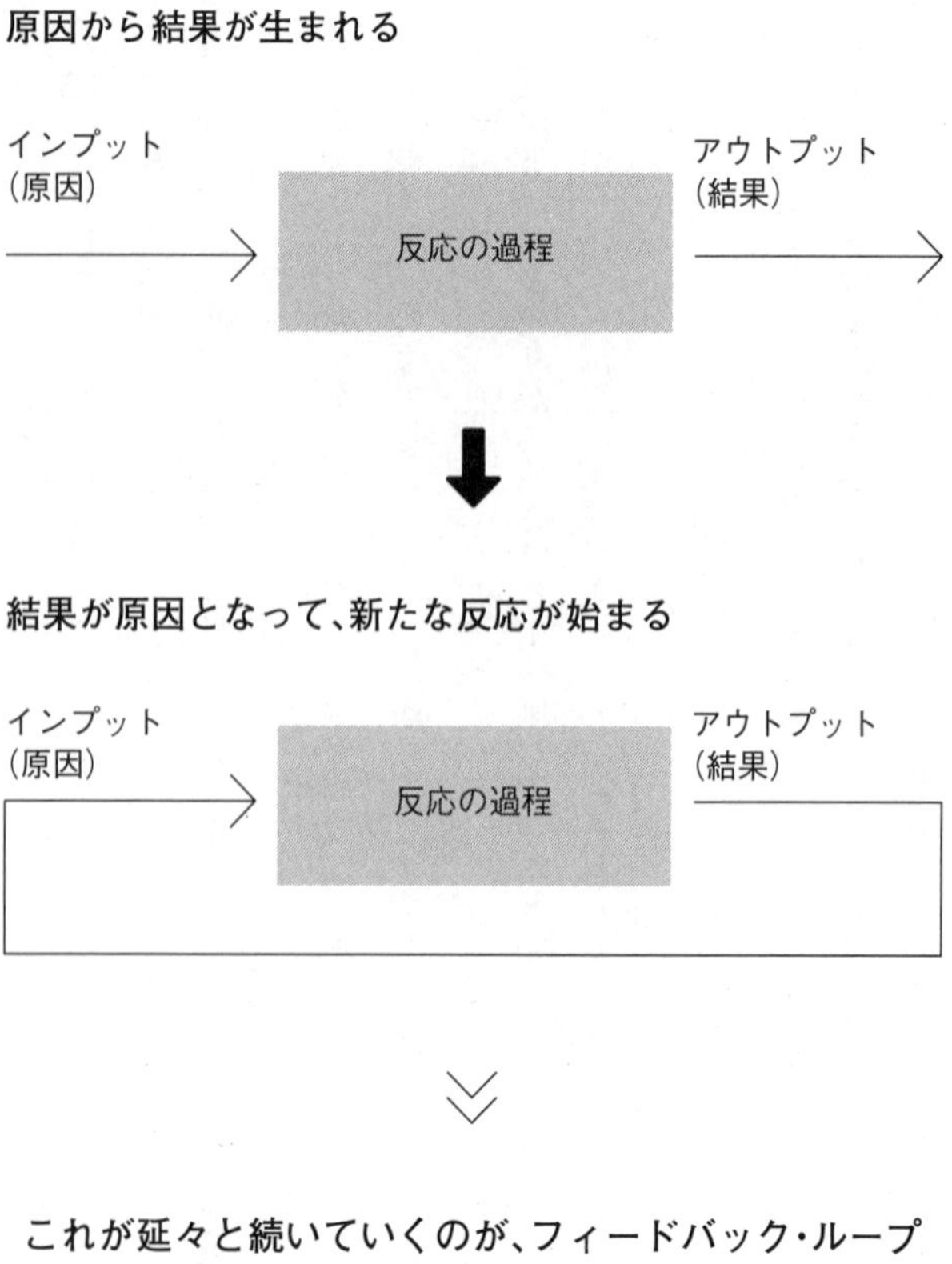

セスも、どちらも良い方向に作用するフィードバックだ。いずれの方向であるにしても、**ある結果が原因となって、次々と結果が再生産されていき、やがて平均から離れた極端な結果へと行き着く。**ただし、フィードバックがすべてファットテールやべき分布を生むわけではない。

フィードバックには大きく分けてふたつの種類があり、ここでみてきたような結果を増幅させていく方向に働く自己増幅的なフィードバックは正のフィードバックと呼ばれている。良い方向に作用するものか悪い方向に作用するものかは問わず、いずれにしても結果を増幅させるのが正のフィードバックだ。

これに対して、自己抑制的な負のフィードバックというものも存在する（正、負という言葉が紛らわしいので、本書では基本的に自己増幅的、自己抑制的という言葉を使う）。

自己抑制的フィードバックの簡単な例として、x×-1という式を考えてみよう。最初にx＝1を代入すると結果は1×-1＝-1となる。次に、その結果を再びxに代入すると-1×-1＝1という新たな結果が得られる。これも、結果が原因となって新たな結果が生まれるフィードバックのひとつなのだが、先ほどの自己増幅的フィードバックと違って、結果が抑制されるため、極端な結果には行き着くことがない。こちらのフィードバックも、現実の世界では頻繁にみられるものだ。

たとえば、株価の変動では、株価が下落した後に、それまで株を買いそびれていた投資家が買いに殺到して、株価が反転上昇するケースがある。これが、自己抑制的フィードバックに該当する。株価が下がったという結果が原因となって投資家の購入意欲が高まり、それが株価の反転上昇という新たな結果を生むのだ。

一方、株価が上昇した場合には、利益を確定しようという投資家の売りが出て、株価が反落するという形で自己抑制的フィードバックが現れる。このふたつのプロセスが連鎖して、株価が上がると反落し、株価が下がると再上昇するという動きが延々と続いていくこともある。その結果、株価は一定の範囲で上下動を繰り返す〝揉み合い〟と呼ばれる相場展開を示す。

自己増幅的フィードバックがときとして極端なデキゴトを生み、それがファットテールやべき分布となるのとは対照的に、この**自己抑制的フィードバックは極端なデ**

キゴトの発生を抑制し、安定した平均的状況に押し戻そうとする作用を持つ。

さて、ここまで、フィードバックには「自己増幅的フィードバック」と「自己抑制的フィードバック」があることをみてきた。それでは、このフィードバックがなぜ不確実性を生むことになるのかを次に考えてみよう。

予測が不可能となるメカニズム

フィードバックは、あくまでも原因があって結果が生まれるという構造を持っていて、その点では我々になじみやすい因果関係に基づいたメカニズムの一種である。原因と結果が直接に結びつかないランダム性とは、そこが明確に違っている。だとすれば、次のような疑問が生まれてくるかもしれない。**原因があって結果が生まれるのならば、予測は可能なのではないか。なぜ、そこに不確実性が生まれるというのだろうか。**

第一のヒントは、フィードバックには異なる結果を生むいくつものパターンが存在するという点だ。自己増幅的フィードバックと自己抑制的フィードバックというふたつの相反するメカニズムがあり、自己増幅的なフィードバックの中でも、上向きと下向き（あるいは、良い方向と悪い方向）のふたつのものがある。**どのフィードバックが起動するかがわからなければ、結果を予測することはできない。**

さらに、そこに第1章で述べてきたランダムな動きも絡んでくる。現実の世界では、ランダムな変動とフィードバックは独立したものではなく、混在している。因果関係を持たないランダムな変動が、いずれかのフィードバックをランダムに引き起こすという役割を果たすのである。

ここで、株価がランダムに変動している状況を思い浮かべてみよう。次の瞬間に株価が上昇するか下落するかは、ランダムなのだから予測ができない。もし株価が下落したら、それが自己増幅的フィードバックを起動させて価格下落の連鎖を引き起こすかもしれないし、自己抑制的フィードバックが勝って株価は元に戻るかもしれない。逆にもし株価が上昇したら、価格上昇の連鎖が起きるかもしれないし、元に戻るかもしれない。

たしかにフィードバックは因果関係によって成り立っている。そこに影響を及ぼすすべての要因が正確にわかっていれば、結果を予測することはできるかもしれない。すべての要因を完璧に知ることは現実的にはきわめて困難であるとしても、少なくともラプラスの悪魔ならばそれが可能となる。だが、それもランダムな動きが絡まない場合に限った話だ。

ランダムな変動がフィードバックの過程に影響を与え始めたとたんに、フィードバックの過程に影響を与えるすべての要因を正確に知ることはできなくなる。第1章で論じたように、量子力学で記述される〝真のランダム性〟がフィードバックの過程に影響を与えているとしたら、フィードバックの結果を予測することは、ラプラスの悪魔ですらも不可能となる。

では、フィードバックの起点となる最初の動きがわかった時点で、次にどのようなフィードバックが起動されるのかはわからないのだろうか。たとえば、最初に株価が下がったとして、自己増幅的フィードバックと自己抑制的フィードバックのどちらが勝るのかはなぜわからないのだろう。

現実の株式市場では、何らかの理由で株価が下落すると、新たな売りが誘発されると同時に、新たな買いも誘発されるのが普通だ。**「株価の下落」というデキゴトに対する投資家の反応は一種類ではなく、別々のパターンが同時に発生する**のである。つまり、株価の下落を増幅しようとする力と、それを抑制しようとする力が同時に存在する。そして、新たな売りが優勢になれば自己増幅的フィードバックが勝り、新たな買いが優勢になれば自己抑制的フィードバックが勝ることになるわけだが、どちらが勝るのかはほんのわずかな違いによって決まり、ここでもときにランダムな要因が決定的な影響を与える。

こうした状況は、イメージとしては摂氏0度ちょうどにおける水と氷の関係にたとえることができる。1気圧のもとでは、水は摂氏0度で凍って氷となる。一方で、氷もまた摂氏0度で溶けて水になる。**水が氷になるプロセスと、氷が水になるプロセスという異なるプロセスが同時に存在し、せめぎ合っている**のである。その結果、ふたつのプロセスは不規則に揺らぎ、どちらのプロセスが強く現れるかを正確に予測することができない。
株式市場における自己増幅的フィードバックと自己抑制的フィードバックにも、同じようなせめぎ合いや揺らぎが生じていると考えることができる。その結果、最初の株価下落がわかった後でも、自己増幅的フィードバックと自己抑制的フィードバックのどちらが勝るのかを正確に知ることはできないのである。

さらに続きをみてみよう。ここまでは、どのようなフィードバックのメカニズムが起動されるかをあらかじめ予測できないという話だった。次の段階は、実際に何らかのフィードバックが引き起こされた後のことだ。

フィードバックはいったん起動するとフィードバック・ループという繰り返しの動きをもたらす性質があるということだった。だとすれば、あるフィードバックがいったん優勢になったことがわかれば、それがしばらく続くと予測することはできるのではないか。

この点については、実はそのとおりなのである。フィードバックが生む不確実性は、ランダム性に起因する不確実性とは違って、部分的には予測可能性を秘めている。だが、その予測可能性は、**我々が求めているような厳密で断定的な予測にはなりえない。**

ここでも、水と氷のイメージが役に立つだろう。摂氏0度の揺らぎの中では、あるときは水が氷になるプロセスが強く現れ、またあるときは氷が水になるプロセスが強く現れる。だが、ふたつのプロセスの片方が完全に消えることはなく、ふとした瞬間にどちらが優勢になるかが切り替わる。

つまり、現時点でどのフィードバックが強く現れているかがわかったとして、あくまでもそのフィードバックがしばらく続く可能性が、ランダムな動きのときよりも高まっているはずだということがわかるだけである。だから「株価が大きく下落して売りが売りを呼ぶプロセスが連鎖しているようにみえるので、これが続いて予想外の暴落に発展する可能性がある」ということはできても、その連鎖反応がいつまで続くのか、本当に暴落に至るのか、断定的なことまではいえないのである。

ここで、フィードバックが生む不確実性について簡単にまとめておこう。

・自己増幅的フィードバックは結果を増幅し（良い方向に増幅する場合と悪い方向に増幅

する場合がある)、自己抑制的フィードバックは結果を抑制する方向に作用する

・だが、どのフィードバックが優勢になるかはとても複雑な問題で、ランダムな変動もそこに影響を及ぼすために、前もって予測することはできない

・フィードバックは循環的なフィードバック・ループを形成することがあるため、いったんいずれかのフィードバックが優勢になったら、それがしばらく続く可能性が高いだろうと予測することは可能である

・ただし、フィードバック・ループがいつまで続くかを予測することまではできない

こうして、異なるフィードバックの間の〝揺らぎ〟と、ランダムな要因による作用が相まって、**個々のプロセス自体は予測可能なはずなのに、全体としてみれば予測が不可能という状況が生まれる。**これが、フィードバックが生む第二の不確実性なのである。

予想をはるかに上回ったサブプライムローン危機

フィードバックのうち、自己増幅的フィードバックはときに予想をはるかに超える事態を引き起こす。具体的な例をひとつ挙げてみよう。世界経済に大きな影響を与えたサブプライムローン危機である。

２０００年代前半の米国で、サブプライムローン・バブルという〝小さな〟バブルが生まれた。そのバブルの崩壊がリーマンショックという重大な結果を招いたことを知っている人からみれば〝小さな〟という表現には違和感があるかもしれない。しかし、世界恐慌に至った１９２０年代の米国でのバブルや、失われた20年を招いた１９８０年代の日本のバブルに比べると、サブプライムローン・バブルの規模や広がりは比較的限られており、なぜこの規模のバブルがリーマンショックほどの大きな結果に結びついたのか、直感的には理解しがたいというのが正直なところだ。だから、結果の大きさに比べると、原因となったバブルが〝小さな〟ものであったということは、決して的外れではない。

さて、サブプライムローンというのは、米国で行われている審査基準の甘い住宅ローンのことである。だからといって、最初から危険で悪質なビジネスだったわけではない。貸し手にとってはリスクが高い貸出であるが、その高いリスクに見合った適正な金利を設定できれば、健全なビジネスになる。さらにいえば、サブプライムローンは、通常の住宅ローンの審査には通らない移民や低所得者層にも持ち家の取得を促す重要なイノベーションとして登場し、当初は肯定的な評価が与えられていたのだ。

詳しい説明は省略するが、このサブプライムローンは、証券化というもうひとつの金融イノベーションと結びつくことによって、急膨張を始める。証券化とは、さまざまな資産を裏付けにし、投資家が投資しやすいように債券などの形に整えて販売する技術である。とても高度で、非常に有益な一面もある金融における重要な技術革新のひとつだ。

この証券化と結びつくことによって、誰でも米国のサブプライムローンに投資できる環境が整い、その結果として世界中の投資資金が流入するようになったのである。

しめた。

それが、サブプライムローン・バブルを膨らませた。

だが、ブームはいつまでも続かない。やがて、サブプライムローンの延滞率が上昇し始め、関連する証券化商品の価格も下がり始めた。

そして2007年8月、パリバショック[※13]といわれるデキゴトが起きた。この時点で、人々はサブプライムローン・バブルが崩壊したこと、そして、それが世界の金融市場に大きな影を落としていることをはっきりと認識した。

米国の中央銀行であるFRB（連邦準備制度理事会）をはじめ、いくつもの機関がその影響を分析し、中には経済的損失が1000億ドル（1ドル100円として10兆円）に達するという予測も生まれた。人々は、あらためてその影響の大きさに気づき、大きな衝撃を受けたのである。

1000億ドルというのは、もちろん巨大な金額ではある。だからこそパリバショックといわれる市場の混乱が生じた。だが、実際のところ、それは世界的な金融危機を引き起こすほどの規模のものだとは考えられない。

また、各国の金融当局は、パリバショックの後、危機の拡大を防ぐために積極的な金融緩和政策を実施し始めていた。前例をみないほどに機動的な金融政策が、主要国の協調のもとに行われたのだ。そのため、投資家の間にもすぐに楽観的な見方が広がり、混乱は一時的なものにとどまるだろうという予測が支配的になった。

株価は、そうした楽観的な予測を反映して、パリバショックで大きく下がった分をすぐに取り戻し、米国ではその後にさらなる高値を更新している。

さて、その後の1年あまりの間に実際に何が起きたか。全米第5位の大手投資銀行※14ベア・スターンズが実質的に経営破綻し、重要な国策金融機関と位置づけられるファニーメイ、フレディーマック※15といった金融機関が立ち行かなくなり、全米第4位の名門投資銀行リーマンブラザーズが破綻し、第3位のメリルリンチは身売りを余儀なくされ、デリバティブ取引の総元締めのひとつである大手保険会社のＡＩＧが公的資金で救済されるという、とんでもない事態になったのである。主要国の株価は２００９年３月までに概ね半値以下にまで下がり、「１００年に一度の危機」といわれるまでに至った。

サブプライムローン・バブルの崩壊によって引き起こされたこの一連の金融の大混乱は、「リーマンショック」[※16]と呼ばれている。そして、その経済的損失の推計はわずかな間に倍々ゲームのように膨らみ、最終的には最大で2・8兆ドル（280兆円）に達したともいわれる。事前の予測は当てにならない、という言葉だけで片づけるのは、あまりにも生易しすぎる。

この金融危機の直接の原因は、今みてきたようにサブプライムローン・バブルが崩壊したことにある。だが、**サブプライムローン・バブルの崩壊がこれほどの危機を招くことを、バブルの崩壊が明らかになったパリバショックの時点においてすら誰も予測できなかった。原因の大きさと結果の大きさが、まったくリンクしていないのだ。**

これもまた、自己増幅的フィードバックによって、結果が増幅されたことによって生まれた極端な結果のひとつと考えられるのである。サブプライムローン・バブルの主役は先ほど触れた証券化商品で、まずこの商品が「売りが売りを呼ぶ」価格下落の連鎖に陥った。その価格下落が、証券化商品を大量に保有する金融機関の経営に大きな打撃を与え、その金融機関の経営不安が株価の連鎖的な下落を招く。

また、金融機関に対する信用の低下によって、金融機関同士で膨大な資金のやり取りをする銀行間市場と呼ばれる、世界経済の大動脈ともいえる市場が機能麻痺に陥る。

市場の麻痺は、金融機関の資金調達に支障を生じさせ、その金融機関の資金繰り危機がさらなる株価下落を引き寄せる。

証券化商品の価格下落、金融機関の経営悪化、株価の下落、金融市場の麻痺が互いに絡み合い、**それぞれの結果がそれぞれの原因となって、複雑なフィードバック・ループを形成していった**のである。

こうした自己増幅的フィードバックの威力は簡単には止まらない。混乱が予期せぬ新たな結果を招き、それが新たな原因となって予測不可能な新しいうねりを生んでいく。

このときは、リーマンブラザーズの経営破綻がそれだった。リーマンブラザーズの破綻は、サブプライムローン・バブル崩壊に伴う市場の混乱が原因だ。しかし、実際にリーマンが破綻をすると、今度はそのことを原因としてさらに大きな市場の暴落が発生したのである。こうして、当初は小さなバブルが弾けたことで生じた市場の混乱が、一気に未曽有の金融危機にまで発展していくことになった。

こうしたデキゴトの渦中でいえることはひとつだけある。大きな変動のさなかでは、結果が増幅されて予測をはるかに超える極端な結果に行き着く可能性があるということだ。だが、本当に極端な結果が起きるのか、そして、それがどれほど極端なものになるのかは誰にもわからない。

金融市場では、大小問わずバブルがたえず生まれては消えていく。だが、**バブル崩壊の結果の大きさは、原因となるバブルの大きさでは測れない**。サブプライムローン・バブルと同規模のバブルが崩壊しても、それが常にリーマンショックのような大きな金融危機に結びつくわけではない。逆にいえば、それほど重大とは思えない原因からでも、重大な結果は生まれうることになる。

フィードバックのせめぎ合いから生まれる予測不可能なふるまいは、物理の世界では**カオス**として知られている。カオスとは、一般的には「混沌」というような意味だが、物理の世界では、「一定のメカニズムに従っているのにもかかわらず、予測不可能なふるまいをする」という意味で用いられている。

カオスは、一定のメカニズムに従っているので、原因があって結果を生むという因果関係を持っている。だが、**その原因のとるに足りないわずかな違いがフィードバック・ループによって大きく増幅され、結果をまるっきり違ったものにしてしまう。**その結果、原因と結果の対応関係が不規則なものとなり、原因から結果を知ることが事実上不可能となる。

カオスを説明するときによく用いられるたとえに「アマゾンの蝶の羽ばたき」というものがある。アマゾンの森に棲む一匹の蝶の羽ばたきが、巡り巡ってテキサスにハリケーンを引き起こすというものだ。ここから転じて、小さな原因が大きな結果を引き起こすことを「バタフライ効果」と呼ぶ。

では、なぜアマゾンの蝶の羽ばたきが遠く離れたテキサスでハリケーンを起こすのだろう。

まず、蝶の羽ばたきはとても小さな気流を生じさせる。それが何の結果にも結びつかずに時間とともに消えていくということは、日常的に起きている。だが、いくつかの偶然が重なると、その小さな気流が周囲の空気の流れと相互作用を起こして増幅されていく。何かをきっかけに自己増幅的フィードバックのスイッチが入るわけだ。そして、自己増幅的フィードバックが連鎖していくことによって、ハリケーンのような重大な結果をもたらすことも可能となる。

以上からもわかるように、カオスにはふたつの重要な特徴がある。

まず、**原因と結果の大きさは結びつかない。**小さな原因からでも大きな結果が生まれるし、その逆になることもある。

そして、結果の違いを生むのは、ほんのわずかな、とるに足りないものであり、しばしばそこにランダムな変動が絡んでくるので、**結果を予測することができない。**これがカオス的不確実性であり、先ほどから述べているフィードバックが生み出す第二の不確実性は、まさにこれに当たる。

このカオス的不確実性というものは、人の認知能力にとってはとても厄介な代物で、正しく認識することがきわめて難しいものだ。

人がデキゴトを因果関係によって理解したがるということにはこれまで何度か触れてきた。だが残念ながら、人が得意とするのは、単純明快な因果関係による説明だ。アマゾンの蝶の羽ばたきとテキサスのハリケーンは、人の頭の中ではうまく結びつかない。あまりにも原因と結果の大きさが違いすぎるのだ。さらに、蝶の羽ばたきがハリケーンを引き起こすこともあれば、そうはならないこともあるという点も厄介である。単純明快な因果関係においては、同じ原因はいつも同じ結果を導くはずだからだ。

ちなみに、物理学の歴史の中でも、カオス理論はかなり新しい概念である。それらしい考え方がみられるようになったのは19世紀後半以降のことであり、理論的に確立されたのは１９６３年のエドワード・ローレンツの論文によってであった。しかも、当初はそれほど注目されず、カオス理論の研究が進むのは、さらにその後である。相対性理論や量子力学と比べても、その歴史はかなり浅い。

ローレンツは気象学者で、彼がカオスを発見したのは気象の変化をコンピュータでシミュレーションしたときのことである。

気象は、人が非常に古くから大きな関心を寄せてきた対象のひとつだ。それにもかかわらず、人間はそこにカオスが存在していることに、その長い歴史のほとんどの期間にわたって気がつかなかったということになる。**常に身近にあったのに、理解することができなかった**わけだ。

人間にとって、ランダム性も十分に厄介だが、カオスはそれに輪をかけて厄介なものだということを、この事実は示唆している。

さらにいえば、カオスは、極端なデキゴトをランダム性よりも頻繁に引き起こすことができる。カオスのおかげで、世界はさらに予測不能なものになり、予測がまったくの的外れとなる事態が起きてしまうようになる。

第1章では、ランダム性を過小評価する人の性質を踏まえて、「世界は人が思うよりもランダムである」と結論付けた。だが、新しい不確実性を学んだ今、あらためてこう付け加えなければならない。

「世界は、ランダムである以上に不確実」なのだ、と。

※13　フランスの大手銀行であるBNPパリバの傘下企業が運営する安全性が高いとみられていたファンドが、投資していたサブプライムローン関連の証券化商品の価格が急落したことにより、ファンドの払い戻しを一時ストップしたことを指す。サブプライムローンのリスクが思わぬところに顕在化したことで、市場は一時的にパニックに陥った。

※14　米国において企業や機関投資家などを相手とするホールセール証券業務を営む金融機関。

※15　ファニーメイもフレディーマックも住宅ローンの証券化ビジネスを行うために設立された特殊な金融機関。民間企業だが、重要な国策を担う特別な存在である。このときの経営不振により、政府の管理下に置かれることとなった。

※16　一連の大混乱を象徴したリーマンブラザーズの破綻にちなんで日本ではそう呼ばれている。海外では、the global financial crisis（世界金融危機）と呼ばれることが多い。

この章のまとめ

この章では、正規分布ではほぼ発生しないと考えられるような極端な事象が、結構頻繁に生じていることをみてきた。ファットテールとかブラックスワンと呼ばれている現象である。正規分布で捉えられないということは、そうした極端な事象がランダム性以外の要因によって生じていることを意味する。

たとえば1987年に米国株式市場を襲ったブラックマンデーは、正規分布で考えればほぼ確実に発生しない事態であった。これほど極端なデキゴトなのに、ブラックマンデーの発生原因は明確にわかっていない。ただ、売りが売りを呼ぶ自己増幅的なメカニズムが強力に働いていたことだけは確かである。

結果が結果を呼ぶこうしたプロセスはフィードバックと呼ばれている。フィードバックには、自己抑制的なもの（負のフィードバック）と自己増幅的なもの（正のフィードバック）があり、前者は事態を均衡に戻そうとするが、後者はときに平均からかけ離れた極端なデキゴトを生み出す。

フィードバック自体は因果関係に沿ったプロセスである。だが、自己抑制的なものと自己増幅的なもののどちらが作動するのか、そして、そのプロセスがどの程度強く、どの程度長く続くのかは予測できない。現実の世界では、こうした予測不可能なフィードバックが前章でみたランダム性と絡み合って、非常に複雑な事象を生み出しているると考えられるのである。

この予測不可能なフィードバックのように、因果関係に沿っているはずなのに予測不可能なふるまいをするメカニズムを、物理学ではカオスと呼んでいる。カオスは、天候など我々の身近なところにも存在しているが、理論が整えられ始めたのはつい最近のことだ。つまり我々は、身近なカオスの存在に長いこと気がつかなかったのだ。

カオスはそれだけ認識が難しい厄介な存在である。そして、それがときとして極端なデキゴトを生む。世界は、ランダムである以上に不確実なものだったのである。

誰にも予想できなかったフランス革命の劇的な展開

我々は歴史を必然の物語として学ぶ。

歴史上のデキゴトにはそれらしい原因が列記され、現在の我々の観点からみた歴史上の意義が添えられる。それらは、起きるべくして起き、然るべき結果をもたらしたと受け止められる。

たとえば、フランス革命は、過酷な専制王政という時代遅れのアンシャンレジーム（旧体制）から人民を解放するために必然的に起きたデキゴトであり、人類がおのずと民主主義体制へと向かう壮大な道のりにおける偉大な一里塚と位置づけられる。たしかに、そのような一面はある。

当時のフランスは、民主政治思想や人権思想が高度に発展し、その思想的リーダーたちが革命運動の先頭に立っていた。革命勃発直後に発せられた人権宣言は、現代においても民主政治思想の金字塔とされる。革命のリーダーのひとりとなったロベスピエールは、人権について深い洞察を備えた優れた弁護士であり、思想家であった。

だが、実際のフランス革命は、必然的に起きたデキゴトだとは考えにくい。むしろ、偶然の積み重ねと、結果が結果を増幅するプロセスによって、予想外のデキゴトが次々と生まれ、誰も予想しなかった極端な結果をもたらした事例として捉えるべきなのだ。

フランス革命は当初、立憲王政を目指す政治闘争としてスタートした。憲法制定論議がなかなか前に進まないさなかの1791年4月、王党派と議会派の橋渡し役であったミラボーが急死、それが革命激化の最初のスイッチを入れることになる。王政打倒を叫ぶ過激派が勢いづき、それに王党派が対抗措置をとる。今度はそれが過激派をさらに勢いづかせる要因となる。循環的なフィードバック・ループの出現である。

同年6月、革命の激化を恐れた国王一家がついに亡命を試みた。彼らは、国境付近のヴァレンヌにまで逃れ、亡命は成功したかにみえた。しかし、そのとき**たまたま**国王の顔を知っていた少年兵が通りかかり、身分を見破られてしまったのだ。

このヴァレンヌ事件は、革命激化の第二のスイッチとなった。だが、この第二のスイッチが生まれたのも、第一のスイッチがあったからこそであった。第一のスイッチが入れられたことで第二のスイッチが現れ、そのスイッチが入ることで事態はさらに劇的な深化を遂げていったのである。

革命はその後、加速度的に過激化して制御不能に陥り、国王夫妻や王党派の処刑、革命派同士での粛清の嵐、血で血を洗う内戦へと突き進んでいく。人権思想家のロベスピエールが実権を握ったジャコバン政権では、革命反対派や政敵らが情け容赦なく弾圧され、人権など一顧だにされないままにギロチン台に送られた。

民主主義者や人権思想家によって、彼らが打倒したアンシャンレジームよりもはるかに過酷で、人権を抑圧する非民主的な独裁政権ができあがってしまったのである。

フランス革命は、その後に、これまた予想外の副産物を生んだ。ナポレオンの登場と、ヨーロッパ全域への戦火の拡大である。そして、暗澹たる惨禍を残した末に、1815年の第二次王政復古によって、革命前のアンシャンレジームへとそっくりそのまま戻ったのであった。

このように革命が制御不能な過激化の過程をたどり、打倒したはずの旧体制よりもはるかに苛烈な体制を生み出したり、惨禍だけを残して元の木阿弥に戻るという例は、実は多くの革命に共通してみられる傾向である。

たとえばロシア革命では、ボルシェビキ（後のソ連共産党）独裁政権が確立されていく過程がフランス革命と非常によく似ている（ただし、元の木阿弥に戻るということにはならなかった）。

歴史上の大事件の多くは、誰かが計画的に目的を持って行った必然的なデキゴトなどではない。偶然とフィードバックという隠れたメカニズムによって突き動かされ、予想を超える結果を生んだものなのである。

第3章

バブル

——なぜ「崩壊するまで見抜けない」のか

バブルはこうして繰り返す

バブルの歴史

前章では、フィードバックによって生み出される第二の不確実性について概観した。人類がその存在に気づいたのがつい最近のことであることからもわかるとおり、人はフィードバックがもたらす驚くべき効果を、ともすれば見落としてしまいがちである。だがフィードバックはとても広範にみられ、非常に強力な影響を残す。**歴史の陰の原動力**といってもいいくらいだ。

そこで、本章では、**自己増幅的フィードバックによって生み出される典型的な事例であるバブル**を中心に、その作用の強さを追っていくことにする。その上で、なぜ人はバブルの発生や崩壊を予測することができないのかについても考えてみたい。

バブルとは、主に株式や不動産などへの投資がブームとなり、それらの価格が（後からみると）不合理な水準にまで押し上げられることを指す。また、投資ブームのさなかに社会全体に広がる楽観的で浮かれた気分や贅沢の蔓延などを含めて、バブルと呼ぶことも多い。

バブルは歴史の中で何度も繰り返され、そしてそのすべてが崩壊を迎えてきた。その一連の過程は、表面に現れる形がそれぞれ少しずつ異なっているものの、本質的には非常に似通っている。

ちなみにバブルとは中身のない〝泡〟というような意味合いがあるが、実際には、**経済的な繁栄や画期的なイノベーションなど、実体を伴った背景から生まれることが多い。**少し歴史を振り返ってみよう。

1637年、オランダでチューリップ・バブルがピークに達した。チューリップの球根が投機の対象となり、珍しい種類のものだと球根ひとつが家一軒に相当するほどの高値で取引されたのだ。中身を伴わないバブルの典型ともいえるが、これも発生当初は実体を伴った背景があって生まれたものだ。

当時オランダはポルトガルやスペインに代わって世界の海上覇権を手にした時期に当たり、人々の間には自信とも昂揚感ともつかない前向きな気分が広がっていた。生活が豊かになるに伴い、観賞用のチューリップの人気も高まり、最初は実需に伴って球根の値段が上がり始めたのである。だが、やがて「球根の値段が上がっている」ということ自体が理由となって、投機家たちの資金が集まってくるようになる。

オランダは、勤勉を旨とするカルバン派といわれるキリスト教新教（プロテスタント）が根付いた堅実な国民性を持つ国である。しかし、値段が上がるから買う、買うから値段が上がるという循環的なプロセスはそんな国民性を凌駕するほどに強く、異常ともいえる状況が作り出されていった。それがチューリップ・バブルである。もちろん、このバブルはすぐに崩壊し、多くの破産者を生み出すことになった。

1720年、今度はイギリスで南海バブル事件が起きた。バブルという言葉が実際に使われるようになったのは、このときが最初だといわれている。

これは、南海会社という国策会社が、一種の会計上のからくりを利用して利益を膨らませ、その株式に投資家の資金が殺到することで起こったものだ。南海会社株の投資ブームに乗って、多くの怪しげな会社が設立されて投資家から資金を集め、その後、〝泡〟のように消え去ったというのが、バブルと名付けられた所以だ。

南海バブル事件は、会計上の利益操作を原因としていて、それこそ中身のないバブルの典型だ。それでもこのバブルの発生は、当時のイギリスがオランダに代わって世界的な海上覇権を確立しつつあったという時代背景を抜きには語れない。たとえ中身のないバブルであっても、ロンドンに世界の富が集まり、国家の繁栄に対して自信が強まったことがその発生を後押ししたのである。

ちなみに、南海会社の株価上昇が実体を伴わないものであることを見抜いた者がいなかったわけではない。近代物理学を確立したアイザック・ニュートンもそのひとりである。しかし、そのニュートンでさえも上がり続ける株価と周囲の熱狂には勝てず、ついに南海会社株に手を出したところで、バブルが崩壊した。

大きな損失を被ったニュートンは、「天体の動きは計算できるが、群集心理の動きを予測することはできない」と嘆いたといわれる。まさに、それがバブルの本質だ。

バブルはいつか必ず弾けるが、いつ弾けるかを予測することはできない。

その後も、バブルは時と場所を変えて生まれては消えてきた。1840年代には、鉄道の普及が始まるとともに鉄道狂時代と呼ばれるバブルがイギリスで生まれた。鉄道は、輸送革命をもたらし、近代化に不可欠な要素となるものだが、その画期的なイノベーションがバブルをもたらして、やがて崩壊した（ただし、このバブルによって鉄道網の整備が一気に進む結果につながったという一面もある）。

そのイギリスを凌いで群を抜く経済大国となった1920年代の米国では、非常に大規模なバブルが生まれた。ラジオの登場、自動車の大量生産、工場の電化の促進などさまざまなイノベーションが生まれ、大衆消費文化が花開いたこの時代は、「永遠の繁栄」「黄金の20年代」と呼ばれていて、株価もそれに伴って大きく上昇を続けた。もともとが実体を伴ったものであるがゆえにバブルは激しく膨張し、その崩壊は世界恐慌へとつながっていく。

二度のオイルショックを乗り切り、ジャパン・アズ・ナンバーワンといわれる経済的成功を収めた1980年代の日本でも、広範なバブルが発生した。

日本の製造業の競争力は非常に強く、株価が高くなるのも当然と思われた。また東京がニューヨークやロンドンに匹敵する国際金融都市になるとの思惑が不動産価格を押し上げた。新時代の到来という実体を伴った期待から、すべては始まったのである。だが、その後バブルは膨れ上がり、その崩壊によって日本は失われた20年と呼ばれる停滞期を迎える。

1990年代後半には、米国を中心にインターネット・バブル、あるいはドット・コム・バブル、ITバブルなどと呼ばれているものが生まれた。多くのITベンチャーの株価がうなぎ上りに上昇し、やがてバブルの崩壊とともに消え去っていった。もっとも、インターネットそのものは、現在の生活やビジネスに不可欠なインフラとなり、生き残った企業からはグーグル、アマゾン、イーベイなどの世界的企業が現れている。

このようにバブルは、一見何もないところからでも生まれるが、基本的には新時代の到来、あるいは人々のライフスタイルや産業基盤を塗り替える画期的なイノベーションなど実体を伴った動きから生まれ、やがて熱狂を迎え、崩壊する。

そして、**バブルが崩壊するときには、例外なく急激な逆回転の動きがみられ、株式市場などの暴落（クラッシュ）を招く。**前章でみたリーマンショックはその典型的な一例だ。

バブルをもたらした鉄道やラジオ、自動車、インターネットなどのイノベーションは、すべて人類の歴史に後戻りすることのない大きな変革をもたらしたものである。そうしたものであっても、投機の行きすぎと急反転による淘汰という道を必ずたどってしまうのだ。そうした画期的なイノベーションや社会の変革は、バブルの発生と崩壊を乗り越えて初めて着実に根付き、その一連の荒波を生き残った者だけが新時代の覇者として大きな成功を収めることになるのである。

嫉妬と欲望

典型的なバブルは、経済的に繁栄を極めた国で起きてきた。

成功をつかみ、富が蓄積され、人々の間に楽観的な気分が広がる。そうした国で、株や土地などの資産価格が持続的に上昇するのはきわめて自然なことである。企業の業績は拡大し、オフィスや住居のニーズも増えるからだ。実体を伴った資産価格の上昇と考えていい。

だが、持続的な資産価格の上昇は、それ自体が人々の心理に働きかける大きな要因となる。価格が持続的に上昇することで、そこに投資しようとする人が増え、投資資金の流入がさらに資産価格を押し上げるのだ。

つまり、繁栄期を迎えた国で起きる持続的な資産価格の上昇は、最初は経済成長への期待が高まることの結果として生まれる。ところが、やがてその持続的な価格上昇自体が、新たな価格上昇の原因となっていく。価格上昇が価格上昇の原因となるのだから、一度価格上昇が始まってしまうと価格はひとりでに上がり続けることになる。

そして、**このフィードバックのプロセスに何よりも深くかかわっているのが、嫉妬や欲望、あるいは横並び意識といった人間の心理的反応**なのである。

資産価格の上昇は、それによって大きな利益を得る者が現れることを意味する。それは、本当はたまたま運が良かっただけかもしれないのだが（おそらくそうだろう）、

利益を得た本人は、自らを新時代の到来を予測して機敏に利益を上げた先見性に満ちた存在だと思い込む。いや、本人だけではない。**周囲の人間こそがそう思い、嫉妬と欲望交じりに自分もそれにあやかりたいと願う**のだ。

新時代の到来に対する成功者の強気の見方は、成功者にならいたいと思う他の人々の気持ちを捉える。こうして新たに新時代の信奉者となった大勢の人々が市場になだれ込むため、それが新たな資産価格の上昇要因になっていくわけである。そして、この過程は拡大再生産される。成功者の輪は徐々に広まり、それと同時に嫉妬や欲望の輪も広がる。そして、資産価格の上昇で利益を得る者が次々に増えていくと、今まで投資に興味を持たなかった層までもが焦りとも欲望ともつかぬ感情に囚われ、一世一代の好機に乗り遅れたくないと資金を投じるようになる。

それに、人は横並びで他人と同じことをするときに安心する傾向がある。まさに、「みんなで渡れば怖くない」ということだ。大勢がしていることにはリスクを感じないから、それまで投資に踏み切れなかった人々も、周囲に投資をしている人が大勢いれば、簡単に大金を投じるようになっていく。

市場への参加者が増えるだけではない。投資の世界では前にも触れたレバレッジというものがある。お金を借り入れて資産を買うことで、資産価格の上昇からより大きな利益を得られるのだ。資産価格の上昇が力強さを増していくにつれ、こうしたレバレッジを活用する投資家が増えていく。

このような新規投資家の参入とレバレッジ投資の拡大によって、資金は資産市場に流れ込み続ける。それが資産価格のさらなる持続的上昇を生み出していくのである。何か大きな外生的要因によって抑えられない限り、こうした自己増幅的なフィードバックのプロセスは、人々が株や土地を買えるだけ買うというところにまで行き着く。

これらの自己増幅的な動きの裏には、人間が将来を予測するときの癖のようなものも垣間見られる。それは、**将来を現在の延長線上に捉えがち**だということだ。今起きていることは、将来もそのまま続いていくと人はイメージする。**予想外のデキゴトや、今起きていることとまったく逆のデキゴトが起きるとは考えない。**

たとえば、1980年代の日本では、株価は右肩上がりの大きな上昇を続け、日経平均株価は1989年末に3万8957円という高値を付けた。その時期にある大手証券会社は、この株価上昇は今後も続き、数年後には8万1700円にまで達するという予測を打ち出したのである。現在起きていることの延長線上に将来を捉える典型的な事例といえる。実際にはどうなったかというと、その後日経平均株価は当時の高値を一度も上回ることなく、現在も大幅に下回る価格で取引されている。

歴史上、バブルは幾度も現れ、そして、実体があるかどうかにかかわらず必ず崩壊してきた。少なくとも専門家ならば、そのことを知っている。それでも、バブルになると必ず「今回の相場上昇は実体を伴っていて、過去のバブルとは違うものであり、したがって相場が反転したりすることはない」という専門家が大勢現れる。人は今起きていることが逆転するとは、どうしても感じられないのだ。

人間は、いうまでもなくとても適応能力の高い生き物である。その適応能力の高さもまた、バブルを助長する要因となる。

たとえば株価は、強い上昇局面にあったとしても、一直線で上昇するわけではない。途中で利益を確定するために売りを出したり、あまりにも上がりすぎてしまった株を空売りしようという投資家が少しは現れるからだ。そのため、上がっては下がり、下がっては上がりを繰り返すことになる。自己抑制的フィードバックがときたま顔を出すのだ。

ただバブル期においては、株価が下がったところで、それまで買いそびれていた投資家がここぞとばかりに買いに動くことが多いので株価はすぐに戻り、それをきっかけに再び安心感が広がって、上がるから買う、買うから上がるというプロセスが再開されるようになる。

人はそのようなパターンをすぐに覚えて、自分の行動に取り入れることができる。**多くの投資家は、理由が何であっても、株価が下がったところで株を買うという行動をとれば利益が上がることを学んでいく**のだ。

その結果、株価が一時的に下落すると、多くの投資家が買いに動くことになり、それが次の株価上昇を招き寄せるというパターンが再生産されていくことになる。そうすると、人々は株価が下がったら株を買えば儲かるという行動をさらに自分の中に刷り込んでいく。

こうして一連のフィードバック・ループが確固たるものになると、たとえ本当は株価が下落に向かうべき正当な理由があって株価が下がったのだとしても、そんなことにお構いなしにほぼ自動的に株価上昇が再開するようになっていくのだ。その結果、いつしか株価は後からみるとまったく理解できないような水準にまで上がっていく。

ここでは、投資家心理が介在する自己増幅的なフィードバックを中心にみてきたが、実際のバブルではこれにとどまらず、自己増幅的なフィードバックが幾重にも重なって、**重層構造のフィードバック・ループ**を形成する。

たとえば、株価と景気の間にも相互に結びついたフィードバックの関係が存在する。株価の上昇は、景気拡大への期待によってもたらされるものだが、株価の上昇自体が景気への刺激効果を持つ。

ひとつには、株価の上昇は企業への信認の高まりととられ、企業の資金調達が容易になる。また、株価の上昇は景気の先行きに対する期待の高まりとも捉えられるため、経営者の積極的な経営姿勢を引き出す効果がある。株価の上昇で利益を得た投資家が積極的な消費行動をとることで景気を押し上げる「資産効果」というものもある。

こうして、景気拡大が株価上昇をもたらし、今度は株価上昇が景気を押し上げ、さらにそれがまた株価上昇につながるという循環的なプロセスが生まれていくことになる。このような幾重にも重なる自己増幅的なフィードバックに支えられたバブルの持続力は、非常に強いものがある。

たとえば1920年代の米国のバブルは、農産品価格の急落による農業恐慌が起きても、長引く景気拡大の中で企業収益の伸びや設備投資が鈍ってきても、簡単には収まらなかった。

1980年代の日本のバブルもそうである。日銀がバブル退治に乗り出して金利の引き上げを開始しても、1年近くの間、株も土地も価格が上がり続けた。

サブプライムローン・バブルでは、2007年にパリバショックが起きて危機が表面化した後ですら、株価はなお上昇を続けた。

なぜ後にならないとわからないのか

先にも触れたとおり、自己増幅的なフィードバック・プロセスが継続してバブルに至る過程では、一種の予測可能性が生まれる。

いったん発生したバブルには、理由があろうがなかろうが、ひとりでに成長していく性質がある。だから、仮にバブルが生じたことがわかれば、その動きが「自己増幅的に拡大していく可能性がある」という予測をすることはできるようになるのだ。だが、だからといって、バブルの発生やその消長を高い精度で予測できるということにはならない。

まず、バブルの発生そのものを予測することはきわめて難しい。バブルを育む経済的な要因が多くそろっていたとしても、バブルが必ず起きるとは限らないからだ。**同じような条件がそろっていても、バブルが起きることもあれば、起きないこともある。**

たとえば、人々が先行きに不安を感じていたり、リスクを敏感に意識して慎重に行動していたりすると、バブルは起きにくくなる。また、早い段階で金融引き締めが行われ、金利が高い水準に維持されると、やはりバブルの芽は育ちにくい。だが、常にそうなるとも限らない。何がバブルのスイッチを入れ、あるいは何がそれを抑えるのかは正確にはわからないため、バブルの発生を予測することは基本的に不可能なのである。

また、予言の自己回避といえるメカニズムも存在する。予測をすると、その予測自体が原因となって予測の実現が阻止されるというメカニズムである。バブルが起きるぞという予測がなされれば、それが警鐘となって実際にはバブルは起きにくくなる。

これも常にそうなるわけではないが、誰もがバブルの発生に警戒心を抱いているときにはバブルは起きにくくなり、誰もが警戒心を解くときにバブルは起きやすくなる。つまり、バブルが起きるという予測が広まると、そのこと自体が、バブルが発生するという予測の的中率を下げる要因となるのだ。このような予言の自己回避のメカニズムによって、予測はさらに難しいものとなっていく。

次に、バブルが発生したとしても、それが本当にバブルなのかどうか、渦中にいる当事者には必ずしも判然としない。歴史上のバブルの多くは、後から振り返ってみて「あれは明らかにバブルだった」ということがわかるのであり、渦中にいるときも明確にわかるというものではない。

さらに、**仮に今がバブルだと断定できたとしても、それがいつ終わるのかを予測することは難しい。**実際にバブルの大きさにはさまざまなものがある。資産価格が50%

ほど上昇したところで終わるミニバブルもあれば、資産価格が2倍になるまで続くものも、あるいは3倍、4倍にまで続くものもある。

カオスでは、原因と結果の大きさは比例しないということだった。バブルもカオス的現象だと考えられるので、原因の大きさで結果の大きさを測ることができない。原因を分析して「ここまで続く」とか「ここで終わる」ということはできないのである。

音楽が鳴っている間は踊り続けよう

結局のところ、バブルはフィードバック作用によって大きくうねりを起こす群集心理に駆り立てられた不合理な動きである。その成り行きを合理的に予測することはできない。ニュートンがいったとおり、群集心理の移ろいは予測できないのだ。

バブルは歴史上頻繁に起きていて、後からみるとてもはっきりした経済現象のようにみえる。なのに、渦中にいるとその姿がぼやけて、はっきりとはみえなくなってしまう。もっとも、実際にはバブルの渦中で警鐘を鳴らす人間がまったくいないわけではない。

いつの時代にも、常に冷静に、合理的にモノゴトを分析できる賢い人は大勢いる。彼らは、バブルの渦中に「株価は合理的な水準よりも明らかに高くなりすぎていて、必ずその反動が来るはずだ」と、後からみれば正しい見立てをする。だが、その人物は、合理的な分析のおかげで不合理な群集心理の波に乗ることができない。

株価はその後も上がり続け、彼は新時代の到来を認識できなかった時代遅れの敗者とみなされてしまう。そして、その**警鐘の言葉は群集の雑踏の中でかき消されて、すぐに忘れられていく。**

バブル期に実際にもてはやされるのは、論理的でもなく正しくもないが、群集の熱気に符合するような意見だ。

たとえば「我々は今、新時代の到来を迎えている、株価はまだまだ上がる、2倍3倍になる」と主張する者が脚光を浴びる。バブルの熱気が過ぎ去った後には、彼らの主張はバブル期の愚かさを象徴するエピソードとして笑い話の類となっていくのだが、また新しいバブルが起きれば、人々は性懲りもなくその手の主張をもてはやすようになる。

では、人はバブルとどう付き合っていけばいいのだろうか。バブルをどうすれば防げるのかという政策論争には今のところ正解といえるものがないと思われるので、その問題は棚上げして、バブルが不可避的に起きるという前提で、その中でどうふるまうべきかを考えてみよう。

バブルの消長を予測することは難しいといっても、バブルの波に乗って大きな利益を得る可能性はあるわけだから、その可能性に賭けて、できるだけ波に乗る努力をするべきというのがその答えになるだろう。

今がバブルなのかそうではないのか、あるいはバブルだとしてそれがいつまで続くのかなどはどうでもいい。とにかく波が来たと感じたら、それが本当の波かどうかにかかわらず、とりあえずその波に乗る。そして、波（とおぼしきもの）が続いていると感じている限りはそれに乗り続ける。

今まで説明してきたように、今波が来ているのか、そうだとしてその波がどのくらいの大きさのものなのかは基本的にはわからない。だから、このやり方が確実に勝てるやり方だとはいえない。だが、うまくいかなければ波だと思っていたものからすぐに降りればいいのだ。そのかわり、もし本当に大きな波が来ていたのだとしたら、大きな利益を上げられる可能性がある。

バブルに警鐘を鳴らしたりせずに、ただそのときの波に乗るというこの戦略は**「音楽が鳴っている間は踊り続けよう」**という言葉でしばしば表される。

ただし、自分もまた群集心理の渦に巻き込まれて、熱狂に身を委ねてしまうと、波が反転したときに手ひどいしっぺ返しを食らう。

バブル期に波に乗って大儲けをしたバブル長者は、いつしかバブルが終わって反動期が始まっても、自分に成功をもたらした積極的な投資戦略を簡単に切り替えることができない。やがて深手を負って、結局は得たものをすべて失ってしまう。これもまた、バブルのたびに常に繰り返されてきた光景だ。

また、冷静で合理的な姿勢を維持しながら、最後に熱狂の中に身を投じて失敗してしまったニュートンの例も忘れるべきではない。**波に乗るとしても、自分もまた群集の一部になってはいけない**のである。

不確かなことを断定的に判断せず、流れてくる音楽に合わせて踊りながら、一方で、冷静さと合理的な精神をかたときも失わない。それだけが、バブルを生き残るやり方なのだ。

グローバリゼーションやネットワーク化は負の連鎖を強める

ここまでみてきたように、現在に至るまでさまざまなバブルが生まれ、その反動としてクラッシュ（暴落）が生まれてきた。時代背景も原因も少しずつ違うが、過程は驚くほど似ている。それにもかかわらず、人々は「今回の株価上昇は今までのバブルとは違って、実体を伴った持続的な動きだ」と毎回思い込む。カーメン・ラインハートとケネス・ロゴフ[※17]は、こうした過去から学ばない心理的な反応パターンを〝今回は違う（This time is different）症候群〟と呼んでいる。そして、バブルが弾けてクラッシュが起きると、今度は「今まで経験したことのない危機」と騒ぎ立てる。だが、**実際には同じようなことは頻繁に繰り返されていて、人々は毎回同じように驚くのである。**

1920年代の米国株式市場で起きたバブルは、暗黒の木曜日と呼ばれる1929

年10月24日の株価暴落で終わりを告げた。
反動はあまりに大きく、株価は3年後の1932年7月までに、なんとピークの13%にまで下がった。その下落率は87%におよぶ。
実体経済に与えた影響も甚大で、世界各国に波及して世界恐慌と呼ばれる事態を招いた。そして、この世界恐慌が第二次世界大戦を引き起こす大きな背景となっていく。

1980年代の日本のバブルは、1990年以降に崩壊し、似たような負の連鎖をたどった。ただし、世界恐慌時の米国ほどの激しい動きにはならず、どちらかというと長くだらだらと株価や不動産価格の下落が続く展開となり、その途中で1997〜1998年にかけて金融危機が起きた。株価は2003年までの13年あまりをかけて80%下がり、経済の急激な縮小こそ起きなかったものの、経済成長が完全に停滞し、その間、世界経済における日本のウェイトはだらだらと下がり続けた。その一方で、世界経済そのものへの影響はほとんどみられなかった。

2000年代のサブプライムローン・バブルの崩壊によって引き起こされた

2008年のリーマンショックでも、非常に似通った負の連鎖がみられるのだが、相場下落が続く期間は右記の二例に比べるときわめて短期間で終わり、そのかわりに激しい暴落がその過程で何度も繰り返された。2007年10月から2009年3月まで、わずか1年6カ月の間に米国の株価は54%下落している。

世界経済にもほぼ同時進行で波及し、一時は世界恐慌の再来が懸念されたものの、経済の落ち込みは一時的なものにとどまった。とはいえ、その後の世界の景気回復は非常に緩慢で、その影響は今でも完全に消え去ってはいない。主要先進国の中でもっとも回復が進んだとみられる米国でも、経済の潜在成長率が大きく下がって長期停滞に陥るという長期停滞論をめぐる論争が起きるなど、リーマンショックが何をもたらしたのかについては、現時点でもまだ議論の決着がついていない。

このように、代表的なクラッシュの事例を並べると、**プロセスは非常に似通っているものの、株価下落の幅、調整に要した期間、経済に与えた影響の大きさはばらついている。**極端なことは起きるものだが、それがどのくらいの規模のものになるか、どのくらいの長さのものになるかは、かなり千差万別なのである。もちろん、これもカオスにみられる典型的な特徴だ。

このうち、一番時期が新しいリーマンショックの原因となったサブプライムローン・バブルは、前にも触れたとおり、結果の大きさに比してそれほど広範で大規模なものではなかった。だが、その崩壊によって引き起こされた株価の暴落は非常に激しいものだった。もちろん、カオス的な現象では原因と結果の大きさは比例しない。ただし、この点に関しては別の説明も考えられる。

1990年代から2000年代にかけて、東西冷戦の終焉や、情報通信技術の急速な発展により、グローバリゼーションと情報のネットワーク化が急速に進んでいる。グローバル金融市場はその間、急速に巨大化し、世界中の金融機関や投資家たちが複雑な依存関係を築き上げてきた。この状況が、自己増幅的なフィードバックを伴う連鎖反応を起こしやすくしているとも考えられるのだ。

具体例として、グローバルな金融機関同士の取引関係は、近年、一層複雑性を増しながら規模が急拡大している。その相互依存の強さがゆえに、ひとつの金融機関の経営破綻が他の金融機関に連鎖していくリスクもまた大きくなっている。このような金融機関同士の連鎖的な破綻によって金融システムが麻痺するリスクは**システミック・リスク**と呼ばれるが、このシステミック・リスクをいかに抑制するかは、目下のところ国際金融における最大の課題のひとつとなっている。

また、インターネットの発展に伴って、多種多様な情報が世界の隅々にまで瞬時に共有されるようになっている。

暗黒の木曜日の当時（1929年）では、地方の一般投資家は、週末の新聞で株価の暴落を知り、月曜日に証券会社に押しかけるという状況だった。今では、世界中の一般投資家がリアルタイムで世界の市場を追いかけることができる。そのため、世界のどこかで起きた異変は瞬時に他の市場に伝わる。こうした環境が、投資家の間で恐怖が伝播するスピードを増す方向に働き、市場の急変を起こしやすくしているとも考えられる。

高速回線と高性能コンピュータを使って、ミリ秒（千分の一秒）単位で株の売買を繰り返していく高頻度取引（HFT）も、技術進歩の証だ。

ＨＦＴは、主にヘッジファンドや専用業者が取り入れている取引手法である。実際の売買手法はさまざまだが、ミリ秒単位で売買の発注をこなし、わずかな値幅で機械的に売り買いを繰り返すというものが多い。そのため、一般投資家にとっても、ＨＦＴが売りでも買いでも相手になってくれるため、いつでも売買がしやすくなるというメリットがあると考えられている。

だが、このＨＦＴが何かをきっかけに相場の急変動を引き起こす可能性も指摘されている。２０１０年5月6日、米国株式市場が突然に急落するという事件が起きた。**わずか数分の間に株価指数が9％も下がった**のである。これも、ランダム性を前提にした場合にはとてつもなく稀なデキゴトになる。ところが、この市場の混乱はその後急速に解消され、株価は大体元の水準にまで戻った。

この急激な価格変動は、「フラッシュ・クラッシュ」と呼ばれ、やはりこれほどの価格変動を引き起こした明確な原因は未だみつかっていない。

ただし、ＨＦＴの多くに、株価が一定以上に下落すると持ち株をすぐに売るというプログラムが組まれていたとみられ、それがミリ秒単位の売りの連鎖を生んで瞬間的な暴落を引き起こしたのではないかという見方が有力となっている。つまり、ＨＦＴ

が急落の原因そのものであったわけではないにしても、その超高速取引が短時間の間に株価の下落を加速させる役割を果たしたのは間違いがなさそうなのである。

このように、**グローバル化や技術進歩が、短期間での相場の急変動を引き起こしやすくさせていると考えられる事象が増えている。**もちろん、ファットテールとべき分布は今までも我々の身近にあった。長い間、人類はそれに気づくことができなかったとはいえ、歴史上の数々の奇跡や悲劇の多くは、フィードバックによってもたらされたファットテールやべき分布として捉えることができる。

だが、技術革新によって、フィードバックのプロセスがさらに強力で、瞬時に効果を発揮するものになっているのだとしたら、**フィードバック効果を踏まえたリスク感覚を身につけることが、今を生きる我々にとってますます重要なものになっている**といえるのではないだろうか。

※17　ともにアメリカの経済学者。共著『国家は破綻する』は世界的にベストセラーとなったが、その土台となった研究にはデータの取り扱いに関して不備があるとの批判もある。

経済成長の持続力

戦争や革命をも乗り越える経済成長

自己増幅的フィードバックの作用がいかに強力なものかを端的に示すもうひとつの事例もみておこう。産業化に伴う高度経済成長の持続力の強さについてだ。

産業革命の本家であるイギリスは、自ら道を切り開かなければならなかった先駆者であるがゆえに、後発組の国々と比べるとそれほど高度成長というものを経験していないが、18世紀後半に産業革命が起きると、その後、アメリカ植民地の独立や、全ヨーロッパを巻き込んだナポレオン戦争などの数々の波濤を乗り越え、19世紀中ごろには「世界の工場」といわれる繁栄を築くに至った。

その後、世界経済における地位は少しずつ低下していくものの、現在に至るまでそこそこの成長は続けている。

19世紀後半、南北戦争後に産業化の波が生まれた米国は、その後長期間にわたって高成長を続け、近年では成長率がやや低下傾向にあるものの、今なお世界経済で圧倒的な地位を占め続けている。

日本では、1890年代から産業化に伴う高度成長がスタートしたと考えられるが、その波は基本的に1980年代まで続いたと考えられる。途中で、第二次世界大戦での敗戦とそれに伴う経済的な混乱がありながら、すぐに急速な復興によってその穴を埋めて、さらなる経済成長を実現した。

このような力強く持続的な経済成長は、洋の東西、政治体制などを問わずに広くみられる。1930年代、ソビエト連邦（ロシア）は、世界恐慌を尻目に驚異的な経済成長を遂げた。これがソビエト連邦を米国に対抗するもうひとつの超大国へと押し上げていくことになるのだが、旧ロシア帝政時代と併せて考えると、この事例も経済成長の持続力を示す好例となる。

ロシアの産業化が本格的に始動したのは1890年代と考えられる。その後、第一次世界大戦、ロシア革命とその後の内戦などで、経済も社会そのものも壊滅的な打撃を受けた。それでも、内戦が終了すると急速な復興が進み、再び高成長軌道を取り戻している。1930年代の躍進もその延長と位置づけられる。

もちろん、政治体制による影響を、その後の経済成長の鈍化からうかがうことは可能だ。ソ連の経済成長は、第二次世界大戦の惨禍と復興を経て1950年代から停滞し始め、その後は資本主義諸国に大きな差をつけられてしまう。同じ時期に産業化をスタートさせた日本と比べても、高成長の期間はかなり短い。

これは、共産主義体制による影響と考えることもできるだろう。それでも数十年にわたる成長期が、政治体制の違いや戦争の惨禍を越えて続いたという事実は、経済成長の持続力が非常に強力であることを示している。

中国は一党独裁の政治体制と市場経済をミックスした開発独裁型経済といえるが、1978年の鄧小平による改革開放路線をその起点として三十数年にわたる高成長を続けている。中国の経済成長が始まった当初には、その成長は長続きしないだろうという論評が多くみられたように思う。しかし、これらの論評は、いったん始まった経済成長の持続力の強さを見逃していたのではないだろうか。もっとも、政治体制や産業構造などの矛盾が解消されずに蓄積されていけば、今後ロシアのように高度成長が比較的短期間で終息してしまう事例のひとつとなる可能性は否定できない。

ドイツの事例は、もっとも鮮明である。ドイツ帝国が誕生した1871年を産業化の起点として、20世紀初頭には、ドイツの工業力は急速に発展してイギリスを追い越すレベルにまで躍進した。ところが、その後国力のすべてを注ぎ込む総力戦となった第一次世界大戦に敗れ、経済的にも大きな打撃を受けることになる。

1923年には天文学的といわれるハイパーインフレーションが起き、まさに壊滅的な状態にまで陥っている。ここからドイツは奇跡的な復活を遂げるのである。

そして、再び第二次世界大戦での敗戦を迎える。それは第一次大戦時をも上回る決定的な敗北であり、しかも国土は東西に二分されてしまう。それでもなお、西ドイツは奇跡の復興を遂げ、再び経済大国として頭角を現したのである。東ドイツもまた、共産主義体制のもとで西ドイツほどの成長はみせなかったものの、東側陣営では優等生といわれる経済発展を遂げた。

これらは、しばしばドイツ人の優秀さや勤勉さ、どん底から立ち上がる不屈の闘志といったものを表すエピソードとされている。おそらく、そう受け止めるべき部分もあるだろう。一方で、戦争による膨大な人的・経済的損失や、ハイパーインフレなどの破滅的な経済状況、さらには総力戦における二度の敗北や国家の分裂といった決定的ともいえるショックでさえ、長期的な経済成長を押しとどめることができなかった証左としても受け止められるべきものなのだ。

経済成長が経済成長を生む

経済成長には、テイクオフ（離陸）といわれる時期がある。このテイクオフは、実のところ、なかなか実現が難しい。持続的な経済成長が始まるためには、さまざまな条件が整う必要があるからだ。

国民全般にわたる基礎教育の普及、政治の安定、所有権など経済的諸権利の確立

（共産主義体制下ではこの限りではないが）、そして産業や社会のインフラの整備。なによりも、産業化によって生み出される製品に対する需要がどこかに存在しなければならない。これらの条件が伴わないままに産業の振興を進めても、持続的な動きには至らないことが多いのである。

ところが、いったんテイクオフがうまくいくと、経済成長自体が経済成長を生み出す自己増幅的なプロセスに移っていく。きちんと教育を受け、いい職につくことで生活が飛躍的に改善されることが理解されれば、教育への熱意が強まり、全体の教育水準は上がっていく。それが、経済成長に必要な人材を育てる。

経済成長が定着すると、政治への信頼度が上がり、無用に政治的混乱を引き起こすことによって失うものが大きくなるので、政治が安定する効果が生まれる。また、所得の増加によって富の蓄積が始まれば、経済的な諸権利に対する意識が高まり、法整備も進む。そうしたことが、今度は経済成長を下支えする要因となっていく。

安定的な経済成長にはインフラが不可欠だ。たとえば、製品を運搬するための港湾や鉄道、道路などがなければ、消費地に近いところで小規模な生産をするしかなくなる。一方で、インフラが整い、製品の流通コストが低くなれば、生産拠点を集約して生産効率を高めることも可能となる。

経済成長は、税収の増加を通じてそうしたインフラ整備のための財源を確保させるとともに、たとえば鉄道輸送や海運、電力などインフラを担う産業部門に対する需要を高め、インフラ整備を促進する。そして、インフラ整備が進めば経済の効率が上がって成長率を高めるばかりでなく、インフラ整備そのものが需要の押し上げ効果を持ち、経済成長を助長する。

さらに、経済成長によって企業の所得が増え、金融市場が拡大して資金調達も容易になるので、研究開発投資や最新設備の導入に投入できる資金も増えて、技術革新が促され、今までより低価格で高性能な製品を作れるようになる。そうすると輸出を大きく伸ばして世界の需要を取り込むことができ、所得の増加によって国内の需要も増えるので、それらが相まって製品に対する需要を増大させることになる。

このように、**経済成長は、自ら経済成長の要因となるものを次々と生み出していくのだ。**

ではなぜ、戦争での敗北などの大きなショックさえも乗り越えられるのか。

第二次世界大戦で敗れたドイツや日本では、空爆によって工場、飛行場、港湾、鉄道などが攻撃を受け、住宅地まで被害を受けた。これから存分に働くはずだった若者の命も大量に奪われている。終戦によって軍需産業の需要が消滅し、インフレによって国民の資産も大きく目減りした。なによりも、敗北によって国民的な自信も大きく失われたはずだ。

だが、高度な製品を作る技術や商売のノウハウを持つ人が、すべていなくなるわけではない。インフラの多くも傷ついたとはいえ、修復して再使用することは無から生み出すよりもはるかに容易だ。そして、インフラや住宅の復興は、それ自体が大きな需要となって経済に刺激を与える。軍事的な戦いに負けたことも、経済的な復興に目標を絞って努力を傾けやすくする。

とくに日本の場合は、戦後に米国を軸とする西側陣営に属したことで、米国の先進技術を取り入れて産業を高度化するという効果をフルに受けることができた。

こうしてみていくと、強い経済成長は、戦争などの外生的な要因によって中断されても、すぐに再開する力強いメカニズムを持っているように思えるのだ。

経済成長という強力で持続力のある自己増幅的な動きは、フィードバックが生み出す予測可能な動きの典型ともいえる。ただし、それが「経済成長期にある国では経済危機など起きない」とか、「来年も高成長が続く」といった類の断定的な予測につながるわけではない点は注意が必要だ。

経済成長期にも経済が破滅的な状況になることはあり、短期的にはどんなことでも起こりうる。ただし、**経済成長を促すメカニズムが完全に失われない限り、経済成長には自らを持続させる力がある**ということである。

このような持続的なプロセスは、やはりべき分布を生じさせることになると考えられる。

図表15は、2020年における一人当たりGDPの水準とそこに該当する国の数を頻度グラフにまとめたものだ。断わっておくが、国はある意味で恣意的な単位で、た

図表15 一人当たりGDP別　国数の分布

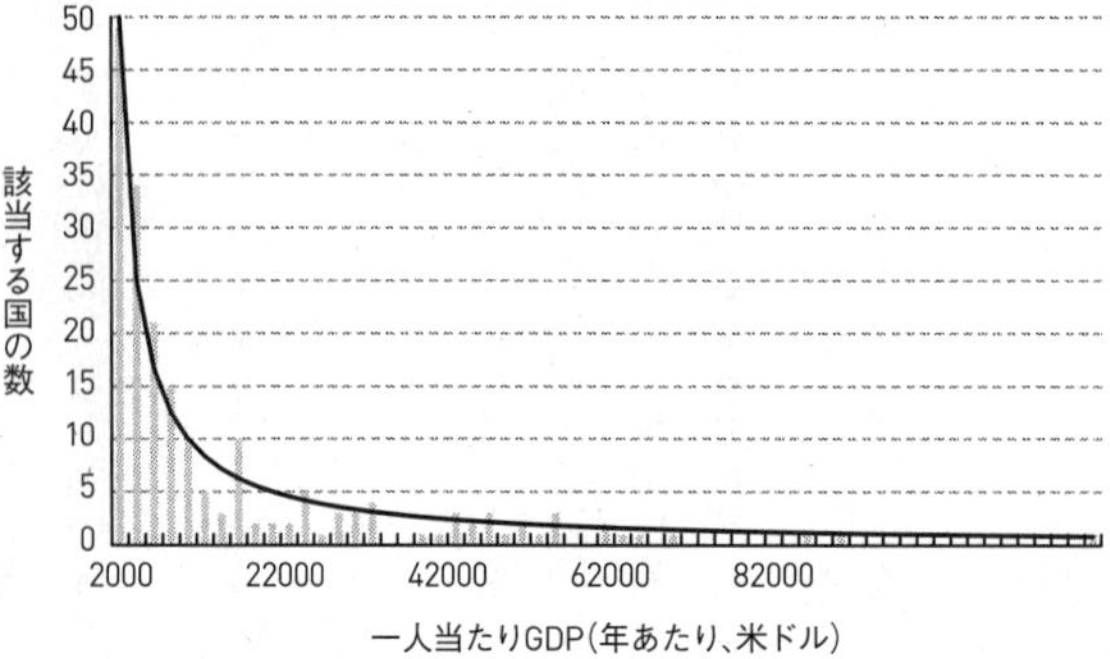

※実線グラフは理論的なべき分布を示している

IMF, World Economic Outlook
（2021）より筆者作成

とえばドイツは1949年にふたつの国家に分裂して、1990年には再びひとつの国家になっている。そのため、ここから厳密な結論を引き出すことはできない。

ただし、一人当たりGDPでみた国の発展度合いが、ざっくりとべき分布に従っているさまはうかがうことができる。これは、長期的な経済成長という自己増幅的なプロセスが生み出したものと考えられるのである。

予想外のデキゴトが生む葛藤とプレッシャー

成功のジレンマ

さて、ここまでフィードバックが生み出す第二の不確実性についてみてきた。第一の不確実性であるランダム性については、人が常にその影響を過小評価してしまうことを第1章で述べた。だが、フィードバックが生み出すカオス的不確実性は、それに輪をかけて人の心を惑わすものだ。常に我々の身近にあり続けていたはずのカオスの理論が確立されたのが、つい最近のことだったということを思い出してほしい。

もっとも、ふたつあるフィードバックのうち、自己抑制的なフィードバックは対処することがそれほど難しくはない。何か予想外のことが起きても、やがて見慣れた昨日までの世界へと戻っていこうとするものだからである。人の心を惑わし、問題を引き起こすのは、主に自己増幅的フィードバックの方だ。

前にも説明したとおり、自己増幅的フィードバックが悪いことばかりを生み出すわけではない。良い方向に結果を増幅するものもある。成功が成功を呼ぶプロセスはその一例だ。では、この良い方向に働く自己増幅的フィードバックなら、何も問題は引き起こさないのだろうか。実は、そうではない。

良い方向に向かう自己増幅的フィードバックの過程では、たとえ最初はたまたまであったとしても、良い結果が次の良い結果の原因となる。それが連鎖していけば、良い結果が次々と起きることになる。「良いときには良いことが起きる」のだ。

その良いことの連鎖の波に乗って、成果を存分に引き出した者が大成功者となる。成功の連鎖を一段、また一段と駆け上がっていくごとに、それによって得られる成果はどんどん大きくなっていき、やがて信じられない大成功や巨万の富に至る。

誰もがこの成功の連鎖に乗れるわけではないが、もしも乗れたとしたら、それは良いことずくめのようにみえる。だが、実はここに大きな落とし穴がある。

フィードバックによる成功のメカニズムや、そこで偶然が果たしている役割の大き

さを理解しないままに成功の連鎖を駆け上がると、「すべては自分の才能と努力のおかげだ」という意識に囚われやすくなってしまうのだ。自分に自信を持つこと自体は悪いことではないが、こうした意識が過剰になると深刻な副作用を生む。成功に至った今までの自分のやり方、考え方を絶対だと思ってしまうのである。

良いことが続くプロセスが永遠に続くならばそれでもいいだろう。だが、決して永遠には続かない。モノゴトを元に戻そうとする自己抑制的な力が消えずに残っているからだ。バブルとクラッシュの事例からも明らかなように、バブルを生み出す連鎖的なプロセスはいつかどこかで終わる。そして、**行きすぎたものには必ず揺り戻しが起きる。**バブルが自己抑制的な力によって終焉すると、そのまま安定した状態に移るのではなく、その後に必ず逆向きの自己増幅的フィードバックが起きる。クラッシュはその一例だ。

クラッシュは、原因となったバブルの大きさにかかわらず、どのくらいの大きさのものになるかがわからない。バブルで生まれた成功や利益の半分を消し飛ばして終わることもあれば、そのすべてを吹き飛ばして元の木阿弥に戻してしまうこともある。

さらには、バブルが生み出した以上のものを消失させて、消しがたい傷跡を残すこともある。

良いことが続く過程で成功を収め、自信に凝り固まった人間は、そのプロセスが反転しても今までのやり方に固執して、やがて起きる逆回転のフィードバックの中で致命的な失敗を犯すことになる。

大成功を収めた者がやがて破滅に至るということは、歴史の中で繰り返しみられるパターンのひとつである。そして、その破滅は、往々にしてそれまでの成功によってもたらされる。つまり、**「良いことが良いことを生む」メカニズムは、人の心理に将来の大失敗の種を植え付けるものでもある**のだ。

悪いことが悪いことを生む

では、悪い方向に向かう自己増幅的フィードバックの過程では、人の心理に何が起きるだろうか。

この過程では、悪い結果が悪い結果を呼ぶ。悪いことが続くと人は、さすがに次は良いことが起きるだろうと藁にもすがりたい気持ちになるが、それでもまた悪いことが起きてしまう。

この「悪いときには悪いことが起きる」というなんともやるせないメカニズムの一例として、**予言の自己実現**に触れておこう。これは、前に登場した予言の自己回避と逆パターンのメカニズムだ。

たとえば、ある企業の経営危機がうわさされている状況を考えよう。ある投資家が、この企業は破綻に向かうという予測をして、株を大量に空売りしたとする。それによって株価は急落し、経済新聞などに「経営破綻への懸念から株が大きく売られた」というコメントが掲載される。

その企業が本当は経営破綻せざるを得ない状況でなかったとしても、株価が急落し、新聞にコメントが載ることで、人々は疑心暗鬼に陥り、その企業の株を保有している投資家は一刻も早く逃げ出そうと保有株を叩き売る。それがさらなる株価の急落を招く。

投資家だけではない。取引先も、取引銀行も、経営破綻が取り沙汰されて株価が急落する企業に対して不信を強め、やがて自分たちを守るために取引や融資を打ち切ってしまう。それが、本当にその企業を破綻に追い込むのだ。

当初にその企業の破綻を予測して株を空売りした投資家は、見事に予測を的中させて大きな利益を得る。だが、彼の予測が当たったのは、**予測したこと自体が原因となってそのとおりの結果が起きた**からである。

こうした極端な負の連鎖がいつでも起きるというわけではない。だが、こうしたプロセスに巻き込まれてしまった側からすれば、悪いことが次々と襲いかかってくるようなものだ。そして、さらに重要なこととして、こうした状況の中で人は型にはまったような反応パターンを示し、それが事態をますます悪化させてしまうことが多い。

しかも、危機的な状況で何かに失敗すると、その失敗を取り返そうとして焦ってしまい、かえって失敗を重ねるようになってしまう。こうして、悪いことの連鎖が失敗の連鎖を呼び、やがて致命的な事態に至るのだ。

つまり人は、**自己増幅的フィードバックがもたらすデキゴトの連鎖に対して、それが良い方向に向かうものであろうが、悪い方向に向かうものであろうが、間違った反応パターンを示し、失敗をしてしまいがち**なのである。

不確実性がもたらす本当のリスクを理解するためには、こうした人間の心理的な反応パターンをあらかじめ知っておくことが必要になる。次章ではそれをみていくことにしよう。

この章のまとめ

バブルはなぜ発生するのか。歴史上何度もバブルは繰り返されてきたのに、なぜその発生や崩壊は未だに予測できないのか。この章では、金融市場のみならず、社会そのものを揺るがせてきたバブルのメカニズムをみてきた。

バブルは、人間心理が絡み合って生まれるフィードバック・ループを原動力としている。バブルの波に乗って成功した他者への嫉妬、自分もそれにあやかりたいという欲望、今起きていることが今後も続くと考える線形思考、それらが強力な自己増幅的なフィードバック・ループを呼び起こす。それは前章で取り上げたカオスそのものであり、したがっていつ発生するのか、発生したとして、どのくらい強く、どのくらい長く続くのかは予測ができない。

バブルのような強力な自己増幅的フィードバックの持続性は、一国の経済成長などでもみられるものだ。いったん経済成長が始まると、戦争での敗北など致命的とも思える打撃すらも乗り越える力が与えられる。

さて、バブルにどう対処すべきかは非常に難しい問題だが、「音楽が鳴っている間は踊り続けよう」はよく知られた戦略だ。バブルの持続性に注目し、その波に乗ろうとするものである。だが、この戦略にも大きな危険が伴う。警戒を怠り、自ら音楽に酔ってしまえば、一転して破滅のリスクに直面することになるからだ。

バブルは、どこかの時点で崩壊すると、今度は逆方向の自己増幅的フィードバックに陥ることがほとんどである。株式市場などの資産市場が暴落に見舞われるのだ。そして、バブル期にフィードバックの波に乗って成功した者ほど、この逆回転で致命的な損害を受けやすい。

持続的で強力な自己増幅的フィードバックのもとでは、良いときには良いことが続くが、悪いときには悪いことが続く。一度悪循環にはまってしまったときに、良いことばかりが起きた過去の局面での成功体験にすがろうとすることは、事態を悪化させてしまうだけであろう。

陳勝呉広——劇的な成功と、劇的な没落

紀元前209年、秦帝国が支配する中国で、陳勝と呉広という農民階級出身のふたりの無名の人物が小さな反乱を起こした。普通なら、簡単に鎮圧されてしまうような規模のものだ。

だが当時、秦帝国は宦官の趙高によって牛耳られていた。宦官は皇帝の後宮を差配する存在にすぎないが、趙高は後宮にこもりっきりの皇帝の権威を借りて権勢をふるっていたのだ。

趙高は、反乱鎮圧という軍事行動が必要になれば、皇帝が直々に将軍たちとやり取りするようになって、皇帝の意思を人々に伝えるただひとりの代理人としての自分の権勢のよりどころが失われると思った。そこで、反乱の事実をないものとして、皇帝の耳に入れないように厳重な情報統制を敷いたのである。そのために、反乱鎮圧の軍事行動は大きく遅れることになった。

陳勝呉広の乱は、こうして鎮圧されることなく、秦の圧政に反発する多くの勢力を集めて急膨張を開始した。彼らのもとに一定の勢力が集まると、今度はそのことを理由にさらに多くの勢力が集まってくる。自己増幅的フィードバックが回り始めたのだ。やがて、10万を超える軍勢が集まってきた。それだけの軍勢があれば、大きな都市を占領することも簡単にできる。そして、大きな都市を占領すればさらに多くの勢力が彼らのもとに集まってくる。

わずか数カ月後に、陳勝呉広は張楚という一大王国を築き上げた。世界史的にみても、他に例をみない劇的な成功である。しかし、その大成功に伴って張楚は次第に内部から崩れ始める。

成功への慢心が生まれ、陳勝と呉広の間には疑心暗鬼が生じ、何をやってもうまくいかなくなり始めたのだ。すると、今度はうまくいかないことで人心が離反し、人々の心が離れることでさらにモノゴトがうまく運ばなくなるという悪循環に陥る。やがて秦の名将、章邯《しょうかん》将軍の反撃により、蜂起からわずか半年後に張楚はあっけなく滅亡するのである。

こうした急激な成功とその後の破滅へと至る急展開においては、陳勝や呉広の個人的な資質や行動を超えた大きな力が働いている。陳勝も呉広も、自分たちがここまで成功するなど思いもしなかっただろうし、成功した後は、これだけの成功を収めた自分たちがやすやすと滅亡に向かうなど考えられもしなかったに違いない。だが、**自己増幅的なフィードバックの力は想像を絶するほどに強力で、しかも一瞬で逆向きの急反動に切り替わる。**

陳勝呉広の乱は非常に劇的な例といえるが、実際にこれとよく似たことは、コトの大小を問わず、いつの時代にも頻繁に起きている。

歴史とは人々が織りなすドラマであり、多くの英雄や天才が登場する。だが、その背後には、そうした**個々の存在を超える非常に強力な推進力が働いている**ことはぜひとも理解する必要がある。

自己増幅的なフィードバックと自己抑制的なフィードバックのせめぎ合い、偶然によるスイッチの切り替え、そうしたメカニズムが歴史を動かす原動力となっているのである。

第4章

人間の心理バイアス

——失敗はパターン化される

人の心理的反応

皆が同じ方向に間違える

この章では、不確実性に対する人の心理的な反応のパターンをみていく。

すでにこれまでも、人の心理的な反応パターンが不確実性にまつわる問題への対処を難しくしている点についていくつか触れてきた。

たとえば、人にはモノゴトを明確な原因と結果による因果関係で捉える癖があり、そのため、因果関係を持たないランダム性の果たす役割を常に過小評価してしまう。また、バブル期には、羨望や横並び意識からリスクを軽視するようになってしまうし、成功や失敗の連鎖に対しても、過信に陥ったり、失敗を取り戻そうと焦ったりして事態を一層こじらせてしまい、適切に対処することが難しい。こうした人の心理に備わる傾向的な癖のことを心理バイアス（または認知バイアス）と呼ぶ。

人にはモノゴトを合理的に考える能力がある。そう考える人も多いはずだ。そして、それはある意味で正しい。合理的に思考する能力は、言語を獲得したヒトだけに備わっている特殊な能力である。だが、だからといって人が常に合理的にふるまうなどと考えてはいけない。

自分は合理的な人間だといくら思っていたとしても、すべての人の心理にはさまざまな心理バイアスが染みついていて、時と場合によって自分でも知らないうちに不合理な行動や判断をしてしまうものなのだ。


ここで重要な点は、心理バイアスの問題を取り上げる際に、人が判断を間違えることそのものを問題にしているわけではないということだ。多くの人が間違った答えを出したとしても、その間違いが特定の偏りを持たないバラバラなものであれば、バイアス、つまり偏りは生じない。その場合には、個々の判断は正しいとはいえなくても、大勢の人の意見を集約することでバラバラな判断ミスが相殺され、概ね正しい答えが導き出される。あとは、どうすれば多数の意見をうまく集約できるかという点だけが問題となる。

だが、**人が「バイアスに囚われている」という場合には、ただ単に個々の判断が間違っているのではなく、皆が同じ方向に間違えてしまうことを意味している。**

もちろん、バイアスのかかり方は人それぞれで差がある。そのバイアスのかかり方のバラつきは多数の意見を集約することで相殺されるが、バイアスそれ自体は残り、多数の意見は間違ったままということになる。

その場合、多数の意見を集約しても正しい答えが得られないというだけではなく、その間違いに誰も気がつかないという問題も生じる。程度の差こそあれ、周囲が皆同じ方向に間違え、自分もまた同じ方向に間違えているとしたら、その間違いに気づくことはとても難しいからだ。

それでも、人間の心理バイアスの特徴を知ることで、**人がどの方向に間違いやすいのかはあらかじめ知ることができる。**人の判断の偏りは、多くの場合パターン化されており、心理学者のダン・アリエリーのベストセラーの題名どおり『予想どおりに不合理』なのである。

ただし、人がバイアスを持った存在で、不合理な判断をしがちであるということは、必ずしも否定的な意味のみを持つものではないという点は、強調しておきたい。

心理バイアスは人が長い進化の歴史を生き抜く中で培われてきたものであり、その多くは、進化の特定の場面で役に立ってきたものなのだ。

人が進化によって生まれてきたものならば、心理バイアスもまた進化の産物である。それは、人の人たる所以ともいえるものであり、その存在を否定しても何も始まらない。そういうものなのだと、ありのままに受け入れるべきものなのである。

ただ、特定の場面に役に立つ（あるいは役に立った）バイアスが、別の特定の場面では問題になることがある。その代表例が、本書で取り上げている不確実性への対処の問題だ。この不確実性と心理バイアスの関係を無視して、不確実性への対処法を議論することはできない。

そこでまずは、不確実性への対処を考えるときにぜひ頭に入れておきたいものに絞って、人間の心理バイアスのいくつかを紹介しておこう。

過剰な因果関係づけ

すでに何度か触れているが、人はモノゴトを単純明快な因果関係で捉えようとする非常に強いバイアスを持っている。

他人よりも努力したから報われる、頭がいいから成功する、悪いことをすれば罰せられる、景気が良くなるから株価が上がる等々、我々の世界認識のほとんどは、このような単純明快な因果関係によって構成されている。

たとえ、現実がもっと複雑で微妙なメカニズムによって成り立っていたとしても、人は単純明快な因果関係に置き換えてモノゴトを捉える。

このバイアスは、**「たとえ厳密にいえば正しくないとしても、概ね正しい判断」を瞬間的に下せるように培われてきたもの**だと考えられている。

人の進化の過程のほとんどは大自然の過酷な環境のもとで進行したものだ。

近くでガサゴソと音がしたら、天敵が潜んでいる（原因）→音がする（結果）、という単純な因果関係を思い浮かべ、その場から逃げ出す。それが常に真実であるとは限らないが、たとえ無駄が多かったとしても、過剰な反応をすることによって危険を避けることができ、生き延びる可能性が高まる。

確率をあれこれ考えるよりも、因果関係を決めつけて、パターン化した行動を瞬間的にとった方が有利なことが多かったのだ。


人類が文明を生み出して、高度で複雑な社会で生活をするようになったのはたかだかここ1万年程度のことであり、十分な遺伝的変異が起きるにはあまりにも時間が短すぎる。つまり、人間の遺伝的な能力は基本的にそれ以前の原始時代のものを、ほとんどそのままに引き継いでいる。

だが、我々は今、我々の遺伝的能力を育んだ原始時代とは明らかに違う非常に複雑な社会で、まったく新しいタイプのさまざまな不確実性に対処しながら生きていかなければならない。

そうした不確実性に対処するには、太古の自然を生き抜くのに役立った我々の能力は、役に立たないどころか、むしろ障害となってしまうことも多いのだ。

過剰な因果関係づけは、ビジネスの世界ではとくに強くみられる。このバイアスは、複雑なデキゴトを簡単に理解して、問題解決を探るにはとても役立つものなのだ。だから、仕事がデキる人ほど、複雑なデキゴトを簡単な因果関係に置き換えることが得意であることが多い。この過剰な因果関係づけによって、現実の世界の複雑性は無視され、不確実なデキゴトに対しても因果関係を理解することで対応が可能だ、という錯覚を生んでしまう。それが、不確実性を正しく理解して適切に対処する上で、大きな障害となるのである。

自己奉仕バイアス

人は、成功の要因を自分に求めたがる。その成功が他人や偶然のおかげだとは思わない。一方で、失敗については自分以外にその要因を求めたがる。**「うまくいったのは自分のおかげ、うまくいかなかったのは他人のせい」**というわけだ。これが、**自己奉仕バイアス**と呼ばれるものである。

たとえば株式投資では、あてずっぽうによって投資判断を決めたとしても、必ずしも負けるとは限らず、勝つことも多い。ダーツ投げをするサルがファンドマネジャー顔負けの運用成績を残せるのと同じことである。しかし、たまたま勝ちが続いたりすると、自分が優れているから勝てたのだと思い、自分には投資の才能があると感じるようになっていく。

逆にうまくいかなかったときには、自分の判断や投資のやり方が間違っていたと思うよりも、運の悪さのせいにしたり、市場を牛耳る誰かが相場をおかしな方向に操作しているのではないかと勘繰ったりする。

この自己奉仕バイアスにも、もちろん利点がある。成功は自分のおかげと考えることで、前向きな自信を維持できる。また、失敗は自分以外の要因のせいと考えることで、失敗に対していちいちくよくよしなくて済む。自己奉仕バイアスのおかげで、人は失敗を引きずらずに、断乎とした前向きの行動がとれるようになるのである。

太古の自然では、あれこれ思い悩むよりも、断乎とした前向きの行動をとる方が生き延びる可能性が高まる。現代の社会においても、自信に満ちた人の方が大胆な行動を素早くとることができ、周囲にも影響力を持ちやすい。

だが、不確実性のもとでは、偶然やフィードバックによって成功や不成功がもたらされることがある。

自己奉仕バイアスを持つ人間は、そうした不確実性による成功に対しても自分の貢献度を過大に評価し、その特殊な局面でたまたまうまくいった自分のやり方を絶対視してしまうようになる。また、失敗の連鎖に見舞われたときには、「今はたまたま運が悪いだけだ」と考えるだけで、自分のやり方を変えようとは思わず、失敗の連鎖から抜けられなくなってしまう。

こうした傾向は、過去に大きな成功体験を持ち、周囲からも一目置かれているような人ほど陥りやすい罠だといえるだろう。

自己正当化の欲求

自己正当化とは、**一度自分が下した判断や、とった言動に対して、それを正当化するために自分の中でつじつま合わせをしようとする**ことである。人間は、とにかく自分が間違っていたとか、失敗したとかいうことを絶対に認めたくない生き物なのだ。

この欲求は非常に強いもので、自分を否定する（と感じられる）異論に対して、人は異常なほどに強い拒否反応を示す。また、自分に都合の良い情報は目ざとくみつけてきて自己正当化に利用しようとする一方で、自分に都合の悪い情報は、無視したり、些細な点をあげつらって否定したりしようとする。

たとえば、思いつきからある株を買って、その株価がその後に下がったとしよう。人は自分の判断が間違ったものだったとは思いたくないので、市場に出回るさまざまな情報の中から、その株が有望であるというものだけを集めてきて「株価下落は一時的なものであり、自分の判断が決して間違っていたわけではない」と思い込むのである。つまり、失敗などしていないと自分に信じ込ませるために、自分に対してうそをつく。

この自己正当化も、本来は前向きな自信を維持するために役立っている。多少の紆余曲折や障害にもめげずに、自分は間違っていないと信じ、前に向かって突き進む力を与えてくれるのだ。そうすることで、困難に打ち勝って、道が切り開かれることもたしかにあるだろう。

だが、**株式投資では、これが非常に危険な事態を招いてしまう要因**となる。

その株を買ったときには、単に「ちょっと上がりそうだな」というくらいの軽い気持ちで買っただけなのに、株価が下がって自己正当化のメカニズムが働き始めると「この株は、本当は良い株なのだ」とか「今は下がっていても将来必ず大化けするに違いない」などという新しい理屈を後付けでどんどん付加していってしまうのだ。その理屈は、その株を買っていなかったら決してそのようには思わなかったはずのものである。この後付けの理屈によって、下がり続ける株を手放すことができずに、ずるずると損失が拡大していくはめになる。

つまり、**人はいったん何かを判断したり、行動したりすると、「そうしていなかった場合には決して抱くことがなかったはずの理屈」に囚われてしまう。**だから、自分が当事者でない場合にはモノゴトを客観的に、合理的にみることができたとしても、自分が当事者になって判断をしたり行動したりするようになると、とたんに客観性や合理性を失うことになるのである。

この自己正当化は、個人の内面でも、あるいは組織の内部でも非常に強く働く。その事例のひとつとして、無理数の発見にまつわる悲劇を紹介しておこう。

ときは古代ギリシャ時代、有名な「ピタゴラスの定理」を発見したピタゴラスを中心に、数に潜む神秘を追い求めるピタゴラス教団が結成された。教団内では、数というものは必ず整数を分母、分子とする分数、つまり有理数で表すことができると信じられていた。

ところが、皮肉なことに「ピタゴラスの定理」から導き出される$\sqrt{2}$という数字は、整数を分母、分子とする分数では表すことができない。こうした数のことを無理数というのだが、この$\sqrt{2}$が無理数であることを発見してしまった教団のメンバーは、伝承によると、教団の教義を守るためになんと海に沈められて殺されてしまったのである。

同調

人間は社会的な生き物である。自分ひとりで大自然を生き抜いていく孤高の生き物ではなく、常に群れを成し、その中での自分の立ち位置を確かめながら、周囲に合わせて生きていく。そのために、周囲の顔色や場の空気をうかがいながら、それに合わせて自分の考えを無意識のうちに修正するバイアスを強く持っている。それが同調と呼ばれるものである。

この同調がもたらすメリットはあらためていうまでもないだろう。この同調こそが、人間の強い社会性を生み出すもととなり、その社会性がこれだけの文明を築くことを可能ならしめたのである。

だが、その同調によって、人が集まって集団で意思決定をする際、ときに理解に苦しむような思わぬ結論を導き出してしまうということが起きる。

たとえば、過激派グループやカルト集団が形成される際には、その集団内で強い同調現象が働いていると考えられる。もっと身近な事例でも、優秀なメンバーを集めて意思決定をしたはずなのに、傍からみるとなんとも愚かな決定を下してしまったり、個々のメンバーが心の底では誰ひとり望んでいない結論が、参加者の総意として導かれてしまったりすることがある。そうした事例のひとつとして、ここでは**アビリーンのパラドックス**と呼ばれるものをみてみることにしよう。

あるグループが、休日に旅行に行くことを計画したとする。

メンバーのひとりが、たいして行きたいわけでもないのだが、話のとっかかりにと思ってアビリーン（テキサスにある地名）に行くことを提案する。次に、別のメンバーが、その提案を魅力的だとは思わなかったものの、別の良い案が思いつかず、最初の提案者の意見を無下にするのもためらわれて、賛意を示す。すると、それ以外のメンバーも、心の中では乗り気ではないのだが、皆がそういっているのだから自分ひとりが反対するのも気が引けて、次々に賛成していく。こうして、一行は全員一致でアビリーンに旅行に行くことを決める。だが、本当のところ、誰ひとりとしてアビリーンに行きたい者などいなかったのだ。

三人寄れば文殊の知恵というように、ひとりで考えるよりも複数で考えた方が良いアイデアが浮かぶ場合もある。だが、それも参加者が周囲に合わせようとするバイアスに囚われずに、自由に意見を表明できる場合に限った話だ。**同調が強く働くと、集団内の意見がある一定の方向に流されて、誰も望まない極端な結論に導かれてしまう**ことになる。

バブルなど社会全体が不合理な方向に向かう現象の背景にも、この同調が大きく関係している。また、予想外の危機に直面した組織の内部ではとくに同調が起きやすいと考えられていて、そのような場合、予想外のデキゴトに対する個人の心理的バイアスが増幅されて、組織としての意思決定が間違った方向へと吹き寄せられる。そのような集団の内部では、多角的なモノの見方が排除され、結果、予想外のデキゴトに対する柔軟な対応能力が奪われてしまうのである。

以上でみてきたような心理バイアスは、状況によって強く現れたり、現れなかったりする。

心にゆとりがあり、冷静さを維持できる精神状態のときには、人は割と簡単にモノゴトを合理的にみることができるし、自分の過ちを認めることもできる。ところが、**予想外の突発的な状況に立たされたりして、心理的なゆとりや冷静さを失ったときには、長い進化の歴史によって積み重ねられた本能的な反応に頼ろうとして、さまざまな心理バイアスが強く出てくるようになるのだ。**

行動ファイナンス理論の大家で、2002年のノーベル経済学賞を受賞したダニエル・カーネマンは、これをふたつの思考システムとして説明している。

合理的な結論を導く思考システムは、スローシステムと呼ばれる。筋道を立てて、論理的に思考するためには、多大なエネルギーと時間を要するからだ。

一方、論理的な思考ではなく、パターン化された直感的な反応によって瞬間的に判断を下すのが、もうひとつの思考システムであるファストシステムである。

そして、プレッシャーがかかる状況になると、人はそこから逃れようとするあまり、余裕を失ってファストシステムに頼るようになり、スローシステムの方はファストシステムの結論を後付けで正当化するためだけに使われるようになってしまう。そのため、ファストシステムに染みついているさまざまな心理バイアスが、前面に強く現れてくるようになるのである。

それでは、こうした心理バイアスによって、なぜ不確実性に遭遇したときにうまく対処できなくなるのかを次にまとめておこう。

人はなぜ不確実性にうまく対処できないのか

不確実性の過小評価

人は、不確実性を過小評価する。それは、今述べてきたような心理バイアスの結果によるものである。不確実性には、ランダム性に起因するものと、フィードバックが生み出すカオス的不確実性があるということだった。

ランダム性は因果関係によらずに結果が生まれるメカニズムであり、単純な因果関係を重視する人間には、どうしてもその役割と効果を適切に測ることができない。

フィードバックでは、原因と結果の大きさが結びつかず、わずかな偶然のいたずらがときとして重大な結果を導いてしまう。こうした原因と結果が比例しないモノゴトもまた、人は適切に捉えることができない。
このように不確実性を過小評価する結果として、思っている以上に予想外のことが頻繁に起き、ときにとてつもなく極端だと感じられるようなデキゴトが生じる。そして、前もって想定していないデキゴトが起きることで、人は、突然窮地に立たされる。このプレッシャーのかかる状況が、さらにファストシステムへの依存を生み、偏った意思決定をしてしまう原因となるのだ。

さらに補足をしておくと、不確実性を過小評価した人々が予想外のデキゴトに過剰に反応すること自体がフィードバック・ループの一環をなして、極端なデキゴトをさらに極端なものにしてしまうこともある。

株式市場のクラッシュはまさにそうした現象の代表例だ。全員が相場の下落に備えていたら株価の暴落は起きない。誰もが予想外のデキゴトに慌てて、出口を求めて殺到するから暴落が起きる。**株式市場にたびたびクラッシュが起きるのは、人々がそのような事態が起きる可能性を過小評価しているからこそである。**つまり、人々による不確実性の過小評価自体が、より大きな不確実性をもたらす要因となるのだ。

予測への過度の依存

人はとにかく予測を信じたがる。実際には、予測の多くは外れるのだが、そうしたことは人の記憶に残らず、次もまた相も変わらず新しい予測に飛びつくのだ。

あるとき、予想外のデキゴトに見舞われたとしよう。たとえほとんどの人がそのデキゴトを予測できていなかったとしても、必ずといっていいほどに、そのことを見通していたという人物が世の中に現れる。

サブプライムローン危機のときもそうだった。そして、サブプライムローン危機の到来を予測していた人物が現にいるのだから、危機は予測できたはずだと人々は考える。予測に成功したとされる人物は称賛を浴び、危機を予測できなかったその他大勢は、単に予測を誤った愚か者という一言で片づけられる。

だが、この手の話はデキゴトが生じた後にしか成り立たない。

世の中には大勢の専門家がいる。彼らはさまざまな予測を行う。正鵠を射た精緻な分析に基づいた予測もあれば、そうではないいい加減な予測もある。そうしたさまざまな予測の中で、**その時点での分析の鋭さや正確さを評価するのではなく、結果が出た後にその結果にもっとも近かった予測を後付けで持ち上げる。**世の中で行われているのはそういうことだ。

それは、あくまでも結果論にすぎない。決定論が成り立たない世界では、未来に何が起きるかはまだ決まっていないのだから、「事前に正しい予測」というものはそもそも存在しえないのである。

しかし、**不確実性の効果を過小評価する人間という生き物は、その裏返しとして、予測の力を過大評価する。**サブプライムローン危機の到来を予測できた人がいるのだから、次に起きるデキゴトも必ず予測する方法はあるはずだと考えてしまうわけだ。

だが、どれだけ予測の力を信じようとも、結局ほとんどの人は次に起きる意外なデキゴトを予測することはできない。ちょうど、誰かが必ず当たる宝くじを買っても、ほとんどの人は外れてしまうのと同じことである。それこそが不確実性なのだ。それなのに予測に頼ろうとすることで、結局は窮地に立たされてしまうことになる。

ここでは、ただ単に「予測は当たらないのだから無駄だ」ということを問題にしているのではない。**予測をしたということによって、さまざまなバイアスが生まれ、そのこと自体が新たな失敗の要因となってしまうことを問題にしている**のである。

すでに述べた自己正当化の例を思い返してみよう。

不確実性のもとでは、予測が外れることは普通に起こりうることである。だが、何かしらの予測をしたばかりに、想定外の事態の中で自己正当化のメカニズムが働き始めて、自分に都合のいい解釈をしたり、現実から顔をそむけてしまうようになる。

誤解を避けるために、あらためて整理をしておくと、すべての事柄について予測を信用するなといっているわけではない。当然のこととして、努力を傾けることで予測の精度が上がる事柄（＝第1章で出てきた〝すでに起きた未来〟）については、できるだけその精度を高められるようにするべきである。

ここで問題にしているのは、予測ができない不確実性の部分に対しても予測で対処しようと考えることによって、かえって不確実性にうまく対処できなくなってしまうということなのである。

気合いで乗り切ろうとする

世の中には、気合いを入れて努力をすることで道が切り開かれることも多い。苦しいときに、あきらめずに努力を続け、チャレンジを続けていくことによって大きな成果が生まれることもある。だが、それも現実を正しく見据えて、正しい方向に努力を積み重ねる場合の話だ。

予想外の環境変化によって、今までのやり方が通用しない事態に遭遇しているときに、やり方をあらためずに気合いだけで乗り切ろうとしても、その努力は報われない。それればかりか、悲劇的な結果さえも招きかねない。

世の中にはポジティブ・シンキングに対する礼賛があふれている。前向きに、夢を信じて突き進むことで、大きな成果が得られるという考え方だ。

たしかにそのような姿勢が成果に結びつくことは決して少なくないだろう。だが、ポジティブ・シンキングは、ときに自分にとって都合のいいものにしか目を向けない姿勢につながることがある。そうなってしまえば、不確実な世界をうまく生き延びることは難しくなる。

気合いに頼るという姿勢は、前向きに望ましいことだけを考えるという点で、ポジティブ・シンキングのひとつの形態といえる。だが、気合いだけですべての局面を乗り切れるわけではない。ときには、自分にとって最悪な状況となることを考えてみることも必要である。

ネガティブなことをあえて想定しておくことで、破滅を避けることができる場合もあるのだ。


人は、苦境に陥れば陥るほど、気合いに頼ろうとする傾向が強く現れる。文句をいわず、良い結果だけを信じて、一致団結して危機を乗り切ろうというわけだ。だが、苦境に陥っているのなら、今までのやり方がうまくいかない局面に差しかかっていることをまずは疑うべきだ。もしそのとおりであれば、やり方を修正した上で努力を傾ける必要がある。気合いに頼る精神論は、そうした戦略の機動的な修正を困難にし、的外れの方向に努力を重ねる結果につながってしまう。

失敗のパターン1：

成功体験と自信過剰

成功は失敗のもと

目覚ましい成功を収めて一時代を築き、しかし、その後に時代の変化についていけずにズルズルと衰退の道を歩むというパターンは、歴史の中で繰り返しみられるものである。

大阪の小さな小売店からスタートしたダイエーは、瞬く間に日本の小売業最大の企業にまで駆け上がり、まさに一時代を築いた。

ダイエーの経営の大きな特徴は、第一に、大量仕入れ・大量販売による低価格の実現である。そこそこに品質がいいものを、いつでも安い値段で買うことができる。それが、高度成長期の人々のニーズをぴたりと捉えたのだ。

第二に、上がり続ける不動産価格を背景とし、店舗用不動産を担保に多額の資金を借り入れて急激に自社店舗を増やす戦略もその急成長を支えた。

第三に、カリスマ性のある創業経営者によるスピーディーな経営判断も、大きな力となった。

しかし、ひとつのやり方がいつまでもうまくいくとは限らない。やがて1980年代のバブルがはじけ、ダイエーの苦境が始まった。

成熟した低成長経済では、消費は爆発的に増えず、人々は量よりも質、そこそこの品質ではなくより高い品質、あるいは商品の個性や特徴を求めるようになる。ダイエーの大量仕入れ、大量販売のやり方は時代に合わなくなり始めていた。

もっとも、これはダイエーだけの問題ではなく、総合スーパーマーケットという業態自体の問題だった。だが、ダイエーは前の時代にもっとも成功した業界の覇者だったからこそ、それまでの成功体験を捨てられず、他のライバル社と比べても新環境への適応に大きく出遅れることになったのである。

不動産担保金融を背景にした店舗の拡大も、担保としていた不動産価格の低下によって、ダイエーには重すぎる負担となっていった。また、絶対的なカリスマ性を誇る創業者の存在も、経営戦略の転換には足かせとなった。

つまり、過去の成功の要因となったものが、新しい環境では重荷になり、弱みとなったのだ。**思わぬ環境の変化に遭遇したときに、過去に成功した者ほど、自分たちのやり方を過信し、新しい環境に適応するのが遅れる。**※18 強い企業ほど、その強さゆえに不確実性への意識が薄れ、過去の強みが現在の弱みに変わっていくのである。

成功ではなく、失敗から学ぶ

こうした成功体験に起因する失敗のパターンに陥らないために何が必要なのだろうか。ここで、不確実性に対する理解が生きてくる。

過去の自分たちの成功は、自分たちが思う以上に偶然やフィードバックによってもたらされたものかもしれない。別の偶然や別のフィードバックによって、今とはまったく違う環境が現れ、自分たちのやり方がうまくいかなくなるということも十分に起こりうる。そう考えることで、ある程度は環境変化に対する柔軟性を維持することができる。

自分たちの強みを認識して、それを伸ばしていこうとすることはとても大切なことだ。だが、それに執着してはいけない。**成功からは過度に学ぶべきではない。学ぶべきは、むしろ失敗からである。**

中国史上で屈指の名君とされる唐の太宗、李世民は、天下が落ち着いたころ、臣下たちに創業と守成はどちらが困難かという問いを発した。そして、議論の末に、守成は創業以上に困難であり、創業が成った今、その守成の困難に立ち向かわなければならない、と結論づけた。「創業は易く守成は難し」という故事成句はここから生まれている。

成功に奢《おご》れば国家の繁栄は維持できなくなる。李世民は、そのような成功の罠に陥らないようにするために、わざわざ自分に諫言するための役職まで設けて、慢心に陥らないようにした。李世民は、兄弟間の血で血を洗う抗争を勝ち抜き、かなり強引なことをやって皇帝の座についたのだが、自らの成功体験と決別し、慎重細心な国家運営を心がけたことで長きにわたる唐繁栄の礎を築くのである。

高名なヘッジファンドマネジャーであるポール・チューダー・ジョーンズは、1987年のブラックマンデーによる株価暴落の予測を当てて大きな利益を上げ、以来、一貫してヘッジファンド業界の中心的存在であり続ける相場の成功者だ。一般投資家にとっては、不確実性を克服した英雄のひとりとみなされる存在である。だが、そんな彼は、投資で成功する秘訣を次のように語っている。

「英雄を気取ってはいけない。自己中心的な考え方をしてはいけない。常に自分自身とその能力を疑ってみる。自分はうまいんだなどと思ってはいけない。そう思った瞬間、破滅が待っている」(『マーケットの魔術師』より)

こうした考え方こそが、不確実性を生き抜くために必要なものなのである。

また、ジョーンズは、攻撃よりも防御が重要であることも指摘している。これは李世民にも通じる考え方だ。そして、「最悪の結果を招かないようにするためにも、常にノックアウトされないように配慮すべきだ。ノックアウトされなければ、反撃のチャンスは再びやってくる」と説いている。

成功を過大視しない。自分を過信しない。そして、予想外のことが起きることを想定し、予測が外れても破滅的な状況に陥らないように常に注意を怠らない。そのかわり、失敗すること自体は恐れずにトライを繰り返していく。

これが、不確実な世界を生き抜いてきたジョーンズが見出した答えだったのである。

※18 既存の製品やサービスで大成功を収めた大企業が、まったく新しい「破壊的イノベーション」を提供する新興企業に競争で敗れることを意味するイノベーションのジレンマも、その一例と考えられる。

失敗のパターン2：サンクコストと自己正当化

過去に縛られる

近代的な組織では、何か目標を立て、その目標を達成するための計画を作成し、それに沿って事を進めていく。具体的で明確な目標があるときに、それを達成するために計画的に行動することは、たしかにとても強力で有効なやり方だ。だが、不確実性のもとでは、完璧な計画は作りえない。そして、**表面的に完璧にみえる計画ほど、後に大きな問題を引き起こす**ことになりやすい。

世界が不確実なものであれば、計画の実施途上で予想外のデキゴトに出くわしたり、思わぬ環境の変化によって目標の達成が困難になったりすることは当然に起きることだ。だが**計画には、計画どおりに事を運ぶことそのものが目的化するという性質**

が備わっている。そのために、途中で起きた予想外のデキゴトを無視したり、達成が難しくなった目標に必要以上にこだわったりして、かえって傷口を広げてしまうことになりがちなのだ。

こうした傾向は、サンクコストと自己正当化というふたつの概念で説明される。

サンクコスト（埋没費用）とは、その計画にすでに投じた費用のことだ。

計画を計画どおりに実施するか、あるいは中止や変更をするかは、本来は純粋に計画を続行することで発生する将来の「追加費用」と「便益」で判定すべきである。過去に投じた費用は、あくまでも過去の話であって、将来の見通しには影響しない。もし計画を続行することで追加的に損失しか生まないのならば、過去にいくら費用を投じていようが、中止して損失を最小限にとどめなければならない。

だが、実際には多くの場合、その計画の将来の見通しではなく、過去に投じた費用の大きさで計画の存廃が左右されてしまう。

典型的な例として、シャープの液晶への過剰投資が挙げられる。

２０００年以降にシャープが亀山工場と堺工場に投じた設備投資資金は合計で

9450億円ともいわれる。ところが、液晶の価格低下、スマートフォン向けなど中小型製品への需要のシフトなど、液晶事業をめぐる環境変化により、この巨額の設備投資資金を回収する目処が立たなくなってしまったのだ。

ここで本来考えなければいけないのは、将来の収支の見積もりである。設備の稼働を続けることで、利益ではなく損失が発生し続けるならば、設備投資資金を回収するどころか新たな損失を積み上げることになる。一方で、設備を売却するなり、縮小するなりして、追加損失を抑える措置をとれば、設備投資自体は失敗だったことが確定するものの、ずるずると損失が拡大する最悪の事態は防ぐことができる。

結果的に、シャープは損失をずるずると拡大させる道を選んでしまったのだが、その判断の背景には「9450億円もの巨費を投じた設備投資を失敗という形に終わらせたくない」という心理が働いたことは間違いないだろう。

計画にこだわって傷口を広げてしまう背景には、自己正当化も大きな役割を果たしている。

計画の変更や中止は、多くの人に計画の失敗とみなされる。計画の立案者や承認者、推進者にとって、自分たちの計画の失敗を認めることにつながるような決断は、とても難しいものなのだ。だから、変更や中止もできない。

傍からみるとどれだけ無謀な計画にこだわっているかが明らかな場合でも、当事者にとっては**自分たちの計画を正当化しようという無意識の欲求**によって、その現実がみえなくなっているのである。

「時価」で考える

サンクコストや自己正当化の罠に陥らないようにするためには、そもそも世界に不確実性が満ちていることを最初に認識することがとても大切である。

計画が計画どおりにいかないことは、普通に起きることだと考えるべきだ。そもそも、完璧な計画を作ろうとして緻密なものを作れば作るほど、不確実性のせいで現実との齟齬は時間の経過とともに大きくなっていく。予想外のデキゴトが起きたときに、それに柔軟に対処していくということが前提として含まれていない限り、計画は身動きを縛るものにしかならない。

また、組織の総力を傾けた大計画になればなるほど、サンクコストや自己正当化の呪縛に囚われやすくなってしまうという面もみられる。絶対に計画どおりに事を運ばなければならないということが至上命令になって、無理に無理を重ねてしまうわけだ。シャープの大型投資も、まさにそれに当てはまる。

組織の本来の目的は、あるひとつの計画を計画どおりに実行することにはないはずだ。不確実な世界の中で、予想外のデキゴトに遭遇したとしても組織が生き残ることができるようにし、予想外のチャンスが来たときにはそれをしっかりとつかんで、長期的な成功を果たす。**個々の計画は、その究極の目標を阻害するものであってはならず、そうした観点から常に見直されていくべきものだ。**

サンクコストや自己正当化の罠から逃れるためには、「時価」で考えるということも重要である。

わかりやすいように、株式投資を例にして考えてみよう。ある株を一株当たり1000円で買って、それが900円に値下がりしたとする。つまり、100円分の評価損失が発生したことになる。ただし、この損失は単に評価上のもので、確定しているわけではなく、もし株価が1000円に戻ったときに売却すれば最終的に損失は発生しない。このように考える人は非常に多いだろう。

だがこれは、将来に対する見通しではなく、過去に投資をした1000円という価格を基準にした考え方といえる。**1000円を下回る価格で売りさえしなければ損失は確定しないと考えることは、うまくいっていない計画を正当化することと、何も変わらない。**

たしかに、株価の変動は不確実なので、いったん900円にまで下がった株価が1000円に戻ることもある。だが、そうはならないこともある。

時価で考えるとは、株価が900円に下がった時点で、100円分の損失が現実に発生したと考えることだ。つまり、この投資がうまくいっていないことを認識する。

当たり前のように聞こえるかもしれないが、実際に当事者になってみると、評価損失を確定した損失ではないと考えるようになってしまう人は数多くいるのである。

しかし、**評価損失もまた現実の損失**である。100円分の評価損失が発生しているということは、株をいったん900円で売却して100円分の損失を確定させ、その上であらためて同じ株を900円で買い直していることとなんら変わりはない。

評価損失と確定した損失に本質的な違いなどなく、損失が発生した上で、あらためてその損失を生んだ株に再投資しているのと同じことなのである。だから、この時点で考えるべきことは、「その株に今再投資をすることが本当にベストな選択なのか」ということだ。

評価損失を確定した損失にしたくないという考えに囚われていれば、その株を持ち続ける、すなわち再投資し続けるしか選択肢はなくなる。だが、評価損失も現実の損失なのだと考えれば、実際にその株を売却して損失がそれ以上に拡大しないようにするか、あるいは現時点でもっと有望に思える別の株に投資先を切り替えるという判断もできるようになる。

このように時価で考えることは、サンクコストと自己正当化の呪縛から逃れる上で、とても重要な考え方となるのである。

ちなみに、時価とは何を表しているものなのだろうか。株の時価は、市場で取引されている現時点の価格だ。経済的な意味合いとしてみると、「その株が将来生み出すであろうと予想される配当の期待値」であると考えることができる。つまり、**過去にどのような価格で取引されたかにかかわらず、将来の見通しだけに基づいて形成されるのが時価なのである。**これは、株だけでなく、設備でも、不動産でも、どんな資産においても変わらない。

株式投資とは違って、企業の事業計画や設備投資の場合は、時価評価をすること自体がそれほど簡単なことではない。それでも、できるだけ客観的な将来の見通しだけに基づいた評価を心がけるだけでも、サンクコストと自己正当化に対する有効な歯止めとなるはずである。

失敗のパターン3：

希望的観測と神頼み

苦しいときの神頼み

藁にもすがるという言葉があるとおり、人は苦しい状況になればなるほど、何かにすがりたくなる。奇跡が起きて、状況が一変し、うそのように苦境が消えてなくなってしまうことを請い願わずにいられないのだ。もちろん、どんな状況でも希望は失いたくないものだが、実際に奇跡が起きることは滅多にない。

むしろここで思いを巡らせなければならないのは、その苦境が、悪い方向に働く自己増幅的なフィードバックによって引き起こされている可能性があるということだ。そうであれば、悪いときにはさらに悪いことが起きやすくなり、希望的観測は裏切られる可能性が高くなる。

１９９０年代の日本では、バブルの崩壊に伴い、金融機関の経営不安が深刻なものとなっていた。

不良債権の急増によって銀行の財務状況は急速に悪化し、貸出の担保としてとっていた不動産の価格下落と、大量に保有していた持ち合い株の価格下落が、経営を大きく圧迫する要因となったのだ。それらの資産価格の下落から追加損失が発生しないようにするためには、できるだけ早く不動産や株の処分を進め、損失を確定させていかなければならない。だが、そうした抜本的な改善策がとられることはなかった。

不動産価格や株価の下落は一時的なものであり、しばらく我慢していればそのうち状況はきっと好転するはずだという楽観的な見方が、当の金融機関だけでなく、金融機関を指導する立場にあった当時の大蔵省でも優勢だったのである。だが実際には、悪い方向に働く自己増幅的フィードバックがすでに回り始めていた。

不動産価格や株価の下落は金融機関の経営体力をむしばむ。その金融機関の経営悪化によって、金融機関が保有する不動産や株が売りに出されるという観測が強まって新たな価格下落圧力につながる。そうした悪循環が、とどまることなく続いていったのである。

やがて何年もたって、バブル崩壊の影響の大きさに誰もが気づいたときには、金融機関が自力でこうした状況を抜本的に処理する体力は失われていた。しかし、それでも希望的観測だけは失われることがなかった。いや、むしろ状況が苦しくなるほどに、希望的観測にすがる気持ちは強くなっていったのである。

「不動産価格も株価も、もうここまで下がったのだから、さすがにこれ以上は下がらないだろう」

「なんだかんだいって、大手銀行がつぶれるはずはない。最後は、政府が必ず何とかしてくれるはずだ」

だが、そうした希望的観測が報われることは、少なくともいくつかの金融機関にとってはなかった。

アジア危機やロシア危機、消費税増税のあおりを受けた景気悪化など、悪いときに悪いことが重なり、1997〜1998年にかけて、北海道拓殖銀行、山一證券、日本長期信用銀行（ちなみに筆者が最初に勤めた会社である）、日本債券信用銀行などが破綻する事態に至ったのである。

人は苦しい状況になればなるほど、リスクに鈍感になり、希望的観測にすがるよう

になる。だが、そうした希望的観測は、事態の解決には何の役にも立たないばかりか、抜本的な対策を遅らせて、より大きな危機を招き寄せることにしかつながらないのである。

「カサンドラの声」を聞け

危機的な状況に陥り、報われることのない希望的観測にすがるより他になくなる事態を避けるためには、状況を自力でコントロールできるうちに、さらに悪いことが起きることを想定してリスクの元を絶つしかない。

1990年代の日本の金融危機でいえば、まだ銀行の体力が十分にあった時点で、不動産価格や株価の下落が一時的なものに終わるはずだという楽観的な見方を排して、もっと悪い状況になるかもしれないという危機感を持ち、早めに抜本的な処理をしておくべきであった。

もっとも、危機が深刻化する前に抜本的な対策を打つというのは、実際にはとても難しいことである。**抜本的な対策には痛みが伴うため、「今はまだそこまでやる必要**

はない」という意見が必ず出てくるからだ。だが、誰もが事態の深刻さを認識できるようになったときには、すでに打つ手がなくなってしまっている可能性が高い。

インテルをマイクロソフトと並ぶPC時代の覇者に押し上げたアンドリュー・グローブは、経営者というのはパラノイア（偏執狂）でなければならないといっている。どんなに調子が良いときでも、ライバルに出し抜かれるのではないか、何か予期せぬ悪いデキゴトが起きるのではないかと、常に心配でたまらないというくらいでなければ企業を永続的な成功に導くことができないというのである。

またグローブは、経営者は組織の中の**「カサンドラの声」**に耳を傾けなければならないともいっている。カサンドラとは、ギリシャ神話に出てくるトロイの王女の名前だ。彼女は、戦争になればトロイは敗れ、滅亡すると予言をしたのだが、誰もその言葉に耳を傾けることなく戦争を開始し、結局その予言どおりにトロイは滅亡してしまった。

グローブがいう「カサンドラ」とは、組織にとって都合の良くないことを予測したり、組織の将来に対して警鐘を鳴らしたりする人間のことである。

普通、そうした予測や警鐘は、耳障りなものであるがゆえに、忌み嫌われて無視される。だが、そうした**警鐘を鳴らす人間には、他の人間がまだ気がついていない何かがみえているのかもしれない。**だから、そうした声を切り捨てるのではなく、むしろ真摯に向き合うことによって、危機を芽のうちに摘みとることが可能となる。

もっとも、人や組織はいつも安全な道を渡れるとは限らず、ときに危険を冒して勝ち目の薄い戦いをすることを余儀なくされる。そんなときにでも、最悪のシナリオを想定し、備えをしておくことはとても重要なポイントとなる。

1904年、日本はロシアとの戦争を決断した。ロシアは、当時の日本よりもはるかに強大な軍事大国であり、戦争開始の決定は日本にとってまさに苦渋の決断だった。だからといって、日本は神頼みで戦おうとはしなかった。かろうじて優勢を保てるかもしれない地域に戦場を限定し、戦局が優勢なうちに講和に持ち込むために、可能な限りの手段を尽くしたのである。

維新の元勲のひとりである伊藤博文は、「恐露病」と揶揄されながらも最後まで開戦回避の道を探り続け、最終的に開戦に同意したときも、努力すればなんとかなるなどとは考えなかった。

彼は最悪の事態さえ予想し、腹心の金子堅太郎に対して、陸軍が満州で敗北し、海軍が日本海で敗れたときは、自分も幕末のころに戻って一兵卒として戦って死ぬつもりだ、という決意を語っている。そして、その最悪の事態を回避しようとして、アメリカのセオドア・ルーズベルト大統領がいざというとき仲介に動いてくれるよう働きかけるために、大統領と同窓のハーバード大学出身である金子をアメリカに派遣するのである。

結局日露戦争は、日本軍が予想以上の戦果を挙げ、日本の勝利に終わった。将兵の士気の高さ、団結力、獅子奮迅の戦いぶりなど、ある意味で精神力や努力の成果といってもよい。だが、ありとあらゆる手段を講じた上で全力を尽くすのは、単純な精神論や努力万能論とは違う。合理的な土台の上での精神論や努力だったからこそ実を結んだのである。

失敗のパターン4：
異論の排除と意見の画一化

集団極性化

人間の組織には、異論を排除しようとする傾向が備わっている。

人はそもそも、周囲の意見と違うことを言い出しにくい。アビリーンのパラドックスの事例で、本当はアビリーンになど行きたくないのに、誰も反対意見を表明しなかったことを思い起こしてほしい。それに加えて、集団をまとめる目的から、異論を排除することによって団結を高めようという誘因も働く。

そのように異論を排除して意見の統一を図ろうとすると、組織の意思決定が一方向に偏った極端なものになりやすいとされる。**ときに非常に危険な意思決定を行ったり、あるいは慎重にすぎる結論が導かれたりしてしまう。**これが集団極性化と呼ばれるものだ。

集団思考の研究で知られる社会心理学者のアービング・ジャニスは、その典型的な事例として、J・F・ケネディ政権時代に行われたピッグス湾事件を挙げている。選りすぐりの優秀なスタッフによって作られたはずのこのキューバ侵攻作戦は、いざ蓋を開けてみると、あまりにも無謀で、リスク要因を軽視したものだったことが明らかとなり、ものの見事に失敗に終わった。最終的な意思決定者となったケネディ自身が、「なぜあんな決定を下したのかわからない」と後に語っているほどである。その背後には、意見の統一を図ろうとするあまり、集団極性化が生じていたと考えられている。

このように、組織における異論の排除は、不確実性に起因する予想外のデキゴトへの対処を誤らせる大きな要因となるものだ。不確実性とは予期しないデキゴトが起きることであり、ときに悪いデキゴトが連鎖して起きる。組織の考え方が一方向に傾いていると、それとは違う方向に事態が推移したときに、柔軟な対応能力が奪われてしまう。

サブプライムローン・バブルとその崩壊の過程におけるリーマンブラザーズの対応がまさにそれだった。リーマンは、バブル期に収益拡大のために積極的にリスクをとっており、危機が生じるまでは業績を急拡大させていた。やがて、バブルに崩壊の兆しが見え始めても、リーマンはその積極的な路線を修正することができなかった。リスクをとりすぎていることに警鐘を鳴らす社内の声がなかったわけではない。だが、経営陣はそうした声を封殺し、**リスクをとることに慎重な社員を辞めさせることまでした**のである。

実際にバブルが崩壊して、保有する証券の価値が大きく下がってしまったときも、自分たちに都合のいい価格でそれを評価し、損失の計上を先送りにした。そのことを問題視する社内外の声も、結局は無視されるだけだった。

そして、リーマンがいかに健全であるかを主張し、リーマン株を狙い撃ちにする空売り投資家に非難の矛先を向けることに終始したのである。しかし、そうした対応は危機を防ぐことには役に立たず、結局リーマンは破綻を迎えることになった。異論を排除することで偏った見方に囚われ、それが組織の危機対応力を奪ってしまったといえる。

異なる視点の重要性

リーマンが破滅へと向かうその同じ時期に、ウォール街最強といわれるゴールドマン・サックスがどのような対応をしていたかをみれば、不測の事態に対する対処法とはいかなるものなのかがわかるだろう。

サブプライムローン・バブルに変調の兆しが見え始めた比較的早い時期に、ゴールドマンはサブプライムローン関連の証券化商品が値下がりすると利益が出るようなヘッジ取引を大量に結んだ。実際にバブルが崩壊すると、サブプライムローン関連ビジネスでは損失が発生したものの、このヘッジ取引のおかげで、損失を相殺して余りあるほどの利益を手にすることができたのである。

もちろん、たまたま運が良かったという側面もあるだろうが、ゴールドマンの社内では、まだ表面化していないリスクに警鐘を鳴らすことも、そのリスクをヘッジするための取引を行うことも自由にできるカルチャーが育まれていたということはいえるはずだ。このヘッジ取引のおかげで、ゴールドマンはサブプライムローン・バブルの崩壊から大きな痛手を受けることがなかったわけだが、それでも経営陣は安心などしなかった。予想外の環境悪化によって苦境に立たされるかもしれないと警戒し、そのときにゴールドマンがとりえる戦略上のオプションをさまざまな角度から議論していたのだ。※19

実際にリーマンが破綻すると、市場は猛烈に荒れ狂い、盤石だったはずのゴールドマンさえも、その荒波に飲み込まれそうになった。それでも、その苦境を切り抜けることができたのには、平時から悪いデキゴトの連鎖に対する警戒を怠らず、さまざまな選択肢をあらかじめ頭に入れておいたことが大きな役割を果したと考えられるのである。

ちなみに、1990年代のクリントン政権時代に財務長官を務めたロバート・ルービンは、前にも触れたとおりこのゴールドマンの出身である。同じ時期に米国の中央銀行であるFRB（連邦準備制度理事会）の議長だったアラン・グリーンスパンは、ルービンの議論の進め方に大変な感銘を受けたという。ルービンは、議論が一方向に傾き始めると、逆の方向からみた意見や疑問をぶつけ、性急に結論が導かれるのを防いでいたのだ。一面的な見方に囚われず、多角的に議論を進めるというやり方は、ゴールドマンに強く根付いたものなのかもしれない。

似たような事例は時代を超えてみられる。1930年代にフォードを抜いてゼネラル・モーターズ（GM）を世界最大の自動車メーカーに押し上げたアルフレッド・スローンは、反対意見が付されていない議案を承認しなかったといわれる。

どんなに魅力的にみえる議案でも、さまざまな角度から検討すれば必ず反対意見が生まれてくるはずである。**反対意見が付されていないということは、そうした多様な観点からの検討が十分に行われていない証だ。**

スローンにいわせれば、経営者の役割は組織内の意見の統一を図ることなどではなく、十分に検討され、その結果として反対意見が付されている議案を、最終的に責任を負って判断していくことなのだということになるだろう。

※19　アンドリュー・ロス・ソーキン著『リーマン・ショック・コンフィデンシャル』を参照のこと。

この章のまとめ

この章では、人の心理的バイアスについてみてきた。心理的側面の分析こそ、今までの経済学や社会科学に欠けていた重要なピースなのである。

心理的バイアスの問題は、単に人が間違えることを取り沙汰しているのではない。人が同じ方向に間違えることが重要な点なのである。人は同じように間違え、それが社会、経済にさまざまなゆがみを生む。注意しなくてはいけない点は、私も、あなたも、皆と同じ方向に間違えやすいということである。だから、人はその間違いに気がつきにくい。さらにいえば、人はストレスが強まるとバイアスに囚われやすくなる。だから、普段は冷静で客観的に考えられる人でも、状況によっては気がつかないうちにバイアスに囚われてしまう。

本書の趣旨に沿っていくつか重要な心理バイアスを取り上げると、人はまず過剰な因果関係づけを行ってしまうバイアスを持つ。何でもかんでも明確な因果関係のもとで理解しようとし、結果として、不確実性の軽視、予測への過度な依存を招いてしまうのだ。

人はまた、成功の原因を自分に、失敗の原因を他者に求めがちだ（自己奉仕バイアス）。そのために、成功体験に固執し、自信過剰から失敗を招くことになる。それを避けるためには、成功からではなく、失敗から多くを学ぶべきである。

さらに人は、自分が始めたことがうまくいかなくなると、都合のいい情報ばかりを集めてきて、自分の行動や判断を正当化しようとする（自己正当化バイアス）。自分が下した判断やとった行動によって思考を縛られるのだ。これは組織にも当てはまる。企業が一度始めた大事業を、取り巻く環境が変わってもそれを無視して続ける結果、取り返しのつかない大失敗につながることは実際によくみられる事例だ。こうしたことを避けるには、自分の計画がうまくいっているのか、そうではないのか、現状を冷静に客観的な視点で見つめ直さなければならない。

人が集団になると同調圧力がかかる点も見落とすべきではない。同調圧力は、注意しておかないと傍目からはどうみても不自然で偏った結論に組織を導いてしまうことがある（集団極性化）。そうならないためには、精神論に頼らず、批判的な意見にも耳を傾け、多様な視点を確保する必要がある。

column04

ピッグス湾事件とキューバ危機

本文でも触れた、集団極性化の事例として知られるピッグス湾事件の翌1962年の10月、いわゆるキューバ危機が発生した。米国の偵察機が、核弾頭を搭載可能なソ連製ミサイルがキューバに配備されつつあることを発見したのである。自国の目と鼻の先に核ミサイルが持ち込まれることは、米国としては到底受け入れられない。

ケネディ大統領は、すぐにエクスコムと呼ばれる対策委員会を設置、ここにすべての情報を集約して対応策を協議することにした。その際、各メンバーが多様な角度から自由に意見を表明できるように、細心の注意を払ったという。その場で、軍やCIA（中央情報局）は、空爆による強硬策を主張、これに対して、海上封鎖をする一方でソ連と外交交渉を続けるという選択肢も提示され、最終的に後者が選択された。

これは、不確実な状況の中での対応策として非常に示唆に富んでいる。空爆を行えば、事態はエスカレートして、下手をすると米ソの全面戦争に発展しかねない。相手の意図や戦力が正確にわからないため、予想外の反撃を受けるかもしれない。失敗が許されない一発勝負の賭けとなる。

一方の海上封鎖案は、対話の余地を残しつつ、それがうまくいかなければ次の手を考えることができるという点で柔軟性に富んだものだった。

ケネディ大統領は、軍を準戦闘態勢に置くと同時に対話の道を探った。そうした意思決定が可能となったのも、エクスコムにおける多様な観点からの議論があればこそであった。


それでも、モノゴトは思いどおりにはいかない。10月27日、後に暗黒の土曜日といわれることになる日に、海上封鎖に当たっていた米軍がソ連の潜水艦に爆雷を投下する事態が発生した。ソ連側がすぐに反撃に転じていたら、全面戦争に発展していたかもしれない。だが、この潜水艦は反撃を思いとどまった。

同日、米国の偵察機がキューバ上空で撃墜されるという事態も起きた。政府内では報復の空爆を求める声が強まる中、ケネディは感情的な反応は事態を一層悪化させるだけだと考え、もう一度ソ連と交渉することを決断する。米国が空爆に踏み切っていれば、やはり全面戦争は避けられなかったに違いない。

最終的には、この最後の米ソ交渉を受けて、翌28日にソ連がキューバからのミサイルの撤去を発表、すんでのところで最悪の事態が回避されたのである。


この危機に際したケネディ大統領の対応は、ピッグス湾事件での自身の失敗や、第一次世界大戦開戦時に各国の強硬姿勢が連鎖的な危機拡大を引き起こしたという教訓を踏まえた対応だったといわれていて、危機管理のひとつのお手本となっている。

だが、あともうほんの少しで戦争開始のスイッチが入れられていたかもしれないということは忘れるべきではない。米軍の攻撃を受けたソ連潜水艦が反撃するかどうかは、ケネディには制御できないものだった。**最悪の事態を免れたのは幸運のおかげでもあった**のだ。

それでも、ケネディが最初から空爆を選択したり、ソ連に対して感情的な対応をしていたら、危機を回避できる見込みはほとんどなくなっていたとはいえるだろう。


このような事態では、相手側がどう出てくるかわからないという意味での不確実性の他に、気が高ぶっている前線部隊による偶発的な衝突（前記の例でいうと米国側の相手潜水艦への攻撃や、ソ連側の米偵察機への攻撃がそれに当たる）が、事態を決定的に悪化させてしまうかもしれないという不確実性もある。そうした中で**危機を回避するには、感情的な反応を抑え、できるだけ多くの選択肢を用意し柔軟に対応していくしかない**のである。

第5章

【CASE1】トランプ・ショックとトランプ・ラリー

――予想外が予想外を生む

「蓋を開けてみるまでわからない」はどこまで本当か

世論調査は当てにならない!?

「選挙は水物だ」とか、「蓋を開けてみなければわからない」とよくいわれる。たしかにそのとおりだ。ピタリと正確な予測なんてできない。

だが、どんなものでもそうなのだ。選挙だけが特別なのではない。それどころか、実際のところ選挙の予測は世の中に数ある不確実な未来の中では比較的予測がしやすい部類に属するだろう。

それが当てはまらなかったのが2016年のアメリカ大統領選挙だった。圧倒的有利とされた民主党ヒラリー・クリントン候補が敗れ、共和党ドナルド・トランプ候補が当選したのだ。マスコミや評論家は予想外の結果に、「世論調査はまったくの的外れだった」「〝隠れトランプ〟の存在を捉えきれなかった」などと評し、選挙は水物というイメージを強く印象づけることになった。

だが、本当にそうだったのか。実際の数字をみると、世論調査はかなりの程度正確だったし、〝隠れトランプ〟の存在も怪しいものがある。

そもそも世論調査にはどうしても誤差がつきまとう。面倒くさがって調査に答えない人が大勢いるし、「誰々を支持します」と答えておきながら投票に行かない人も大勢いる。なによりも当日投票所で投票する相手を選ぶ人だっている。

それでも、世論調査はとんちんかんな答えを出すわけではない。党派色の強いメディアの場合は、数字に多少の偏りがみられるケースが多いが、数多くのメディアの調査結果を総合すればそれなりに有益な情報が得られるはずだ。

リアル・クリア・ポリティクスという政治ニュースサイトがとりまとめている各種世論調査の平均では、2016年大統領選挙の直前の支持率は、クリントン47・2%に対してトランプ44・3%と差はわずかに2・9%だった。実際の得票率の結果はどうだったかというと、クリントン48・2%に対してトランプ46・1%である。この程度の差なら、十分に誤差の範囲内といえるものだ。

もちろんアメリカの大統領選挙は州単位で行われ、その州単位に割り当てられている選挙人の過半数を獲得しなければならない。多くの州では勝者が選挙人を総取りすることになっているので、各州単位の勝敗まできちんと予測しなければ最終的な勝者は当てられないのだ。[※20]

2016年の場合は、いくつかの激戦州で州単位での予想が外れてしまったがゆえに最終的な勝者の予想も外れるという結果になったわけだが、その点はさておき、全国レベルでみれば世論調査はかなり正確だったのである。事前の世論調査と比べたときの実際のトランプ陣営の得票率の積み上げを〝隠れトランプ〟によるものとすれば、これについても、それほどはっきりとした影響は確認できない（得票率の上積みは、クリントン＋1.0％に対して、トランプ＋1.8％）。

つまり、**世論調査は正確に未来を予言できるわけではないとしても、結構当てになるのであり、そうした調査データをきちんと追っていけば選挙結果は事前にかなり正確なところまで予測が可能となる**のである。

それでもこのとき予想が外れた印象が強いのは、実際には世論調査で大接戦となることが予想されていたにもかかわらず、多くの人が「そうはいってもトランプが勝つわけがない」と思っていたせいであり、「世論調査は当てにならない」というのはやや的を外した言い方だといえる。

ちなみに、世論調査について論じるなら2020年の大統領選挙では状況がどうだったかという点もみておかなければならない。こちらは、直前の世論調査では民主党ジョー・バイデン候補51・2%に対して、現職大統領のトランプ候補は44・0%で、結果はバイデン51・3%対トランプ46・9%となっている。概ね世論調査に近い結果が出ているが、トランプ候補の実戦での得票率の積み上げが前回よりもみられ、〝隠れトランプ〟の影響力が増していることをうかがわせる。

ただし、〝隠れトランプ〟というのは、本当はトランプ支持だけれど世間体を気にしてうそをついている人たちという一般的なイメージとは違い、マスメディアに不信感を持ち世論調査には答えたがらないトランプ支持者、というのが本当のところだろう。

そもそも世論調査に答えない人の比率は非常に高いのだが、とくにトランプ支持者の場合はさらに回答率が低いとみられ、それが実際の得票率とのギャップになっていると考えられるのだ。２０１６年のときにはさほどでもなかったのに、２０２０年選挙でその影響が比較的はっきりとみられたことは、２０１６年以降の４年間に起きた米国社会の変化を反映していると考えられる。

すなわち、政治的分断が一層広がり、とりわけトランプ支持者の間でマスメディアに対する不信感が急速に広がったということであろう。こうした傾向は、今後、米国における世論調査の信頼性に大きな影を落とすことになるかもしれない。

さてここまで、当てにならないといわれがちな世論調査が、実は結構（少なくとも今のところは）当てになるものだということをみてきたが、選挙の予想においてはさらに強力なツールがある。それが**予測市場**といわれるものである。

逆もまた真

予測市場とは、たとえばバイデン候補が当選したら1ドルをもらえるとか、トランプ候補が当選したら1ドルをもらえるというような取引が売買されている場のことである。

バイデン候補が当選したら1ドルもらえる取引が0・50ドルで取引されている場合、実際にバイデン候補が当選すれば利益が0・50ドル（＝1ドルの受け取り－購入代金0・50ドル）、当選しなければ購入代金がそのまま損失となるので0・50ドルの損失となる。つまりはフィフティ・フィフティであり、この価格に織り込まれているバイデン当選確率は50％と解釈できる。価格が0・60ドルなら、当選確率は60％だ。

なお、候補者のうち誰かが当選するはずだから、候補者全員分の取引の価格は合計で1・00ドルになるはずであり、もしそれが1・10ドルとか0・90ドルになっていれば市場がきちんと機能していない可能性が高い。実際はどうかというと、取引参加者が多い米国大統領選挙の予測市場などでは、こうした価格の整合性は概ね保たれていることが多い。

予測市場の歴史をひもとくと、アイオワ大学が市場の予測能力を実証実験するためにアイオワ電子市場（ＩＥＭ）を立ち上げたのが最初で、現在ではそれ以外のものを含めていくつかの電子予測市場が運営されている。

これら予測市場のこれまでの予測実績は実に素晴らしいもので、世論調査よりもさらに精度が高いとされている。残念ながら２０１６年の選挙ではこの優秀な予測手段も予測を外してしまったのだが、一度失敗したからといって役立たずと決めつけるのは得策ではない。

実際に２０２０年の選挙では、世論調査には多少の誤差があったのに対して、電子予測市場の予測は非常に正確なものだった。プレディクトイット（Predictit）という電子予測市場では、州ごとの勝敗予想も取引されており、それを集約すると最終的に大統領選挙の勝者を決める選挙人数の獲得予測もわかる。

それによると、選挙前の１カ月間、バイデン候補の予想獲得選挙人数はほぼ２９０〜３０５人で推移していた（２７０人以上で当選）。実際の結果は３０６人である。どちらが勝ってもおかしくない州がどこなのかも正確に予測されており、予測が外れた州を強いてあげれば、バイデン候補がとれるかもしれないと予測されていたノースカロライナ州（選挙人数15人）をトランプ候補が押さえ、トランプ候補有利とされたジョージア州（選挙人数16人）でバイデン候補が勝ったことぐらいである。それ以外は事前予測どおりの結果であり、選挙予測としてはこれ以上ないくらいの高い精度といっていいだろう。

２０２０年の選挙でもメディアでは盛んに「世論調査は当てにならなかった」「想像以上の激戦だった」と報道されていた。だが、予測市場の動向をフォローしてさえいれば、実際にはほぼ正確に予想どおりの結果だったことがわかるのである。

本書は多くの部分で、人々が確定的に捉えがちなことが本当は不確実なのだと主張しているが、実は逆もまた真なのだ。**人々が不確実だといっているものの中には、実はそれほど不確実ではないものが大いにある。**

予測できるものと予測できないものの違いをはっきりさせることは、不確実性への対処ではとても重要である。そして、予測できることに対しては、予測できる範囲で最善を尽くすべきである。

ここまでのとりあえずの結論をみていこう。

・世論調査は種々の欠点や限界はあるものの、必ずしもそんなに的外れではない
・ただし、政治的分断やマスメディア不信が強まれば、その正確性や信頼性は落ちていくことになる
・予測市場は世論調査以上に信頼の置ける予測ツールである。2016年の米国大統領選挙ではこの予測市場でさえも正しい予測を導くことができなかったわけだが、2020年は世論調査の誤差が拡大したにもかかわらず、予測市場は非常に正確な予測力を取り戻した

では、予測市場はなぜかなり正確な予測が可能なのか。予測市場は対象がどのようなものであっても正確に予測ができるのか。それとも得意な対象とそうでない対象があるのだろうか。だとすればその違いは何か。次の節でそのあたりをみていこう。

※20　アメリカの大統領選挙は形式的には間接選挙であり、有権者は特定の候補者を支持する〝選挙人〟を選ぶ形となっている。もちろん大統領候補者に投票することも可能だが、たとえばトランプ候補に有権者が投票すれば、その票はトランプ候補を支持する選挙人に投票されたとみなされる。この選挙人の数は各州に割り当てられており、その総数538人の過半数にあたる270人以上の選挙人を獲得した候補の勝利となる。多くの州で、有権者票を1票でも多く取った候補者側に選挙人枠をすべて与える勝者総取り方式が採用されているため、全国得票率で下回った候補者が最終的に勝者となることがありえる。

多数意見が正しくなるための条件

集団の知恵

予測市場に限らず、市場は大勢が自由に取引に参加し、自分の予想をぶつけ合い、結果を競う場である。そこで問われるのは、自分の政治信条や好みではなく、あくまでも予想が当たるかどうかだ。

ジョン・メイナード・ケインズ[※21]は、市場を美人投票になぞらえ、ただし自分が美人だと思う人に投票するのではなく、皆が美人だと思いそうな人に投票する美人投票であると評している。大勢の参加者が予想しそうなことを予想し合う場ということだ。このたとえは、とくに株式市場によく当てはまる。

もちろん、他人の予想などどうでもよく、あくまでも自分の政治信条や好みに従って支援する対象にお金を投じようとする市場参加者だっているだろうが、予測が外ればお金を失うという結果が待っているだけだ。人間は欲深いものなので、こうした経済的動機が、結局は取引の参加者に客観的な予想を行うように仕向ける。

もっとも、個々の参加者は限定的な情報しか持たず、おそらくその予想はときに的外れであろう。結果として当たる人は大勢いるが、それはたまたまであるかもしれず、必ずしも優れた予想だったからとは限らない。だが、それでいいのである。**不完全な情報しか持たず、あやふやな予想しかできない人が大勢集まって取引をすると、その結果として、どういうわけか非常に正確な予測が浮かび上がってくる**ようになる。市場というのは、〝集団の知恵〟をもっとも効率的に集約する方法なのだ。

集団の知恵とは、集団に属する誰かの優れた意見のことではない。個々人が持つさまざまな断片的情報や偏った意見をつなぎ合わせて生まれてくるまったく新しい情報である。市場では、多くの取引が行われる結果として市場価格が形成されていく。その市場価格にはさまざまな情報や将来予測が含まれている。この**「市場の予想」は、特定の誰かの予想ではなく、集団の知恵そのもの**なのである。

たとえば、株価が上がるという市場動向の背後には、景気が回復するとか、企業収益が増加するといった将来予測が含まれている。国債利回りが低下するという市場動向の背後には、金融緩和がより長く続くといったような予測が含まれている。そして、この市場に織り込まれた予測は、特定の個人の予測よりもたいていの場合優れている。

もちろん、すでに触れた株式市場のバブルのように市場が明らかに間違えてしまうことも実際には多いのだが、個々のエコノミストやアナリストは、たとえどんなに優秀でもそれよりずっと多く間違える。それを評して**「市場は最良のエコノミスト」**といわれることがある。市場が常に正しいわけではないにしても、比較論でいえばその予測は誰よりも信頼が置けるという意味だ。

そんな中でも、予測市場における大統領選挙の予想はとりわけ高い精度を誇っている。ではなぜ予測市場における選挙の予想は、〝集団の知恵〟が発揮されやすく、正確なものになりやすいのだろうか。

まず、通常のアメリカ大統領選挙の場合、選挙の結果は民主党、共和党の二大政党の予備選を勝ち抜いたふたりの候補者のうちどちらかが勝つというものになる。予測市場では、そのどちらかが勝つという取引の一方が当たって一取引当たり1ドルがもらえ、他方の取引では何ももらえない。ただそれだけである。

もしバイデン候補が勝つと予想している参加者がいたとして、バイデン勝利を予想する取引が0・40ドルで取引されていれば、当たると0・60ドルの儲けで、外れると0・40ドルの損失となり、おそらく買いたいと思うはずである。だが、価格が0・80ドルならば、当たっても儲けは0・20ドルで、外れると0・80ドルを失うので、よほど自信がなければ買いたくなくなるだろう。価格には1・00ドルという上限があるので、それに近づいていけば参加者を冷静にさせる効果が生まれるのだ。

予測市場が二者択一の単純な予想しか扱えないということではない。選択肢が増えても、その有効性は大きく毀損しない。要するに、**適正な価格のレンジがある程度みえているので冷静な取引を促しやすい**ということである。

一方で、ときにバブルを生み出してしまう株式市場では、予想される事態はもっと複雑で、将来得られる損益の幅も非常に大きなものとなる。「ある銘柄の株価が上がる」という場合でも、5％上がるのかもしれないし、50％上がるのかもしれない。いや何倍にも膨れ上がる可能性だってある。上限がないので、欲に目がくらんだり、恐怖にとらわれたりしやすくなるのである。

買いたいと思っていた株が大幅に上昇したとき、どのくらいの価格なら買ってよいかを冷静に考えるのではなく、「もっと上がったら利益を取りそびれてしまう」と慌てて高値で買うような投資家は多いだろう。**価格の上限がないことで、焦りが生まれるのだ。**そして市場参加者の多くが欲に駆られ、冷静さを失い、市場の動きに振り回される結果、市場で取引される価格はときとして極端な価格になってしまう。

予測市場と株式市場の大きな違い

さらに、予測市場と株式市場にはもうひとつ重大な違いがある。それは、株式市場がケインズのいうように他人の予想を予想し合う場であるのに対して、予測市場は客観的事実を予想し合う場であるという点だ。

株式市場では、投資家は企業業績などの客観的事実を予想する以上に、他の参加者が何をどう予想し、どう評価するかまで考えないといけない。つまり他人の顔色をうかがいながら取引をするのだ。だから、カリスマ投資家が株式市場に関して何かをツイートすれば、それに合わせて多くの投資家が動く。そのツイートで何か客観的事実が変わるわけではないのに、それでも株価は動く。

また、お互いが他人の顔色をうかがうということは、他人の顔色をうかがって自分の顔色が変わると、それがまた別の人にも何かしらの影響を与えるということにもなる。原因が結果を生み、その結果が新たな原因となって別の結果を生み出していくフィードバック・ループが生まれるのである。

フィードバックには自己増幅的なものと自己抑制的なものの2種類があって、自己増幅的フィードバックはモノゴトを極端にさせる作用を持っているということだった。他人の顔色をうかがうという行為は、この自己増幅的フィードバックを生み、したがって極端な展開を生みやすくさせる。

もちろん、だからといって株式市場の市場予想は当てにならないということではない。株式市場にも集団の知恵は働くのである。だが、**他人の顔色をうかがうという投資家の行動パターンが株価の振れを大きくし、株式市場における集団の知恵を非常に不安定なものとしてしまう。**そして、それがときに衆愚にまで至るとバブルや大暴落が発生する。

こうした特質を持つ株式市場に対して、選挙予測の市場では誰が選挙に当選するかといった客観的事実で勝敗が決まるので、それほど他人の顔色をうかがわなくてもいい。もちろん他人の予想にまったく影響を受けないわけではないだろうが、株式市場に比べればその度合いが低いといえる。その点もまた、市場参加者に冷静な予想を促す効果があると考えられるのである。

市場における集団の知恵の発現度合いをめぐるここでの議論は、市場以外の集団的意思決定に対しても有益な示唆を与えてくれる。たとえばある組織で集団の知恵を得るべく会議を招集するとしよう。どうすればそれが得やすくなるのか。

会議の参加者がお互いの顔色をうかがったり、特定の参加者の意見が大きな影響力を持っていたりすれば、この会議でコンセンサスを得ることは容易になるだろうが、それと引き換えに集団の知恵をうまく引き出すことは難しくなる。そして、同調圧力の強い会議になればなるほど、極端な予測が導かれてしまう危険性が高まる。

つまり、集団の知恵を得ようとするなら、参加者にお互いの顔色をうかがわせず、また専門分野や組織内での地位などにとらわれずにできるだけ多くの参加者に自由に発言させた方がうまくいく可能性が高くなるのである。

※21　マクロ経済学を確立したイギリスの経済学者（1883－1946年）。経済学史上でもっとも重要な人物のひとり。

誰も予測できなかったトランプ・ラリー

モノゴトはコンセンサスとは逆方向にこそ大きく動く

２０１６年のアメリカ大統領選挙にはさらに話の続きがある。トランプ当選の報は、文字どおり世界に衝撃を与えた。世論調査での接戦予想にもかかわらず、ほとんどの人はトランプが勝つなどあり得ないと思っていたからである。予想外のデキゴトが引き起こす波はより大きなものとなる。思わぬデキゴトは別の思わぬデキゴトを引き起こす。そして、それが後戻りできない歴史の流れを形作っていく。

トランプ当選が必然だったのか、それとも単なる運命のいたずらだったのかはさておき、それが引き起こした大きな波と、思わぬデキゴトの連鎖は文字どおり歴史を変えた。そして、世界はもはやトランプ以前の世界には戻ることができなくなったのだ。

さて、こうした予想外の事態を受けた金融市場の反応についても振り返っておこう。開票が進み、選挙の結果が次第に明らかになってくると、株式市場ではパニックが広がり、為替市場ではドルが急落した。ほとんどの市場参加者は「トランプ当選の可能性はまずないが、万一そうなったらとにかく売りだ」と考えており、予想外の結果が出ると実際にそのとおりの動きが生じたのだ。

ところが、数時間もたたないうちに誰も想定していなかった不思議な動きが始まった。株やドルが突然切り返し、急激な上昇を見せ始めたのである。そして、**当初の暴落をあっという間に取り戻した上で、さらに上昇を続けていった**のだ。それは一過性の動きでは終わらず、持続的な株高ドル高という大きなトレンドへとつながっていった（図表16）。

トランプ勝利をきっかけに株高ドル高に転じたこの動きは〝トランプ・ラリー〟と呼ばれている。ラリーは「結集する」とか、「急回復する」という意味の言葉だが、相場においては力強い相場上昇を意味し、とくに一度下落した後の反騰相場を指すことが多い。さて、このときのトランプ・ラリーに関しては、後になってみればいくつもの説明をつけることが可能だ。

図表16 トランプ・ショックとトランプ・ラリー

ドル円相場（2016年11月）

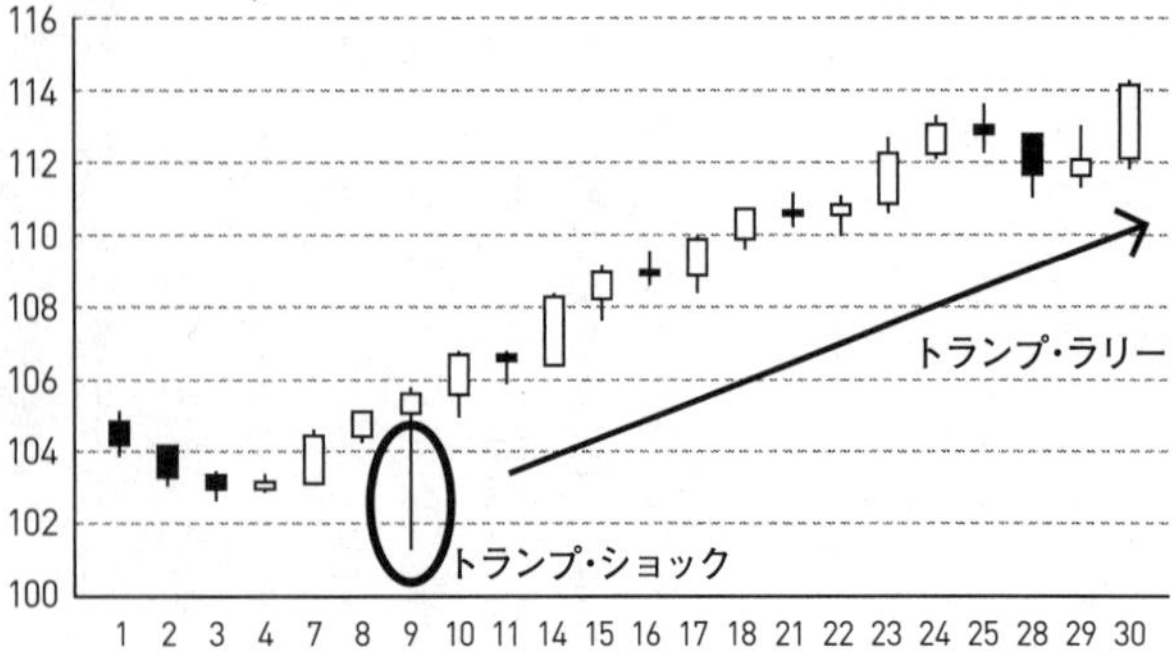

米国株価指数（S&P500、2016/10－2017/12）

出典：インベスティング・ドットコム

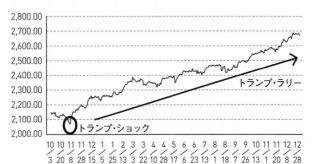

「そもそも世界経済は一時の低迷を抜け出して回復基調に入っており、株がいずれ買われるのは必然だった」

「世界的な金余りで膨大な投資資金が待機しており、どういう結果にせよ米大統領選挙という大きな不確実性を伴うイベントが過ぎ去ってみれば、その待機資金は株式市場に流れ込まざるを得なかった」

「トランプ政権は結局のところ共和党政権なのであり、落ち着いて考えてみればビジネスと親和性の高い政策がとられる可能性が高いという見方が広がった」

どれもそのとおりかもしれないし、実際に何らかの考えに基づいて株やドルを買い始めた投資家がいたこともたしかだが、それ以上にたしかなことは、当時この相場の急反転の中で冷静にこの動きを理解し、先を読むことができた投資家はほとんどいなかっただろうということである。**後で振り返るのと、渦中にいたときに何を思うかはまったく別のこと**なのだ。

それでも、多くの投資家が相場の動きについていけずに大きな損失を出したり、ただ呆然と事態をみつめるだけだったりする中で、この相場の荒波にうまく乗って大きな利益を上げた投資家が少なからず存在したのも事実だ。彼らはなぜ成功できたのだろうか。

実際に成功した投資家に成功の秘訣を聞くのは、たいして役に立たないだろう。彼らは、「自分には人にみえていないものがみえていたのさ」というかもしれないし、本当にそう信じているかもしれない。しかし、実際のところ、こんな相場の展開を事前に予想できていたはずはないし、仮にできていたとしてもそれはたまただ。

ところが、現に成功者はいる。しかもそれは、多数派ではないにしても、決してごく一握りというほどに少ないわけでもない。

もちろん、成功者の成功要因はさまざまであろうし、単に運が良かっただけの人が多いのもたしかだろう。だが、この予想外の動きの中で普遍的なメカニズムをあえて探すとすれば、それは、**相場が多くの人の予想とは逆方向に動くときに大きなトレンドを形成する**ということである。**そのことを理解していなければ、トランプ・ラリーのような大きなトレンドに乗ることは難しい。**

ここでいいたいのは、相場がいつも多くの人の予想とは逆方向に動くということではない。相場は多くの人の予想どおりに動くこともあれば、逆方向に動くこともある。

だが、予想どおりの場合には、相場はたいして大きく動かない。すでに多くの人がその事態に備えているからである。

一方、多くの人の予想に反するデキゴトが生じると、人々はパニックを起こしたり、リスクを回避しようとしたり、新たな環境に適応しようとしたりして、さまざまな行動をとるように迫られる。そうした切羽詰まった人々の行動が大きな波を引き起こすのだ。

トランプ・ラリーの場合でいえば、最初にトランプ当選という予想外の事態が生じた。そこで最初の大きな動き、すなわち株やドルの暴落が起きた。ところが、選挙結果が予想外であったことに加え、それに対する市場のその後の反応も予想外のものとなった。株やドルが、誰も予想していなかった急騰を演じ始めたのだ。そしてそれは、二重の予想外であったがゆえに、非常に大きな波を引き起こした。

このような激しい乱高下にうまくついていくことは、もちろん実際にはなかなか難しい。だが、「モノゴトは大方のコンセンサスとは逆方向に動くときに大きな波となりえる」ということに気がついていれば、対処方法にはずいぶんと差が出てくるはずであり、少なくとも最悪の事態を回避できる可能性は高まるに違いない。

勝負の分かれ目

歴史を決定づけるその他大勢の雪崩現象

コンセンサスとは逆方向にこそモノゴトは大きく動くというのは、非常に普遍的なメカニズムだと考えられる。**その原動力を担っているのが、人々の焦りや恐怖だ。**これは実社会や歴史的な変動にも当てはまる。誰かの深遠なる計画が世の中を動かすというよりも、大勢の人々の焦りや恐怖が決定打となるケースは非常に多い。まずは歴史的事例の代表として、日本の明治維新を取り上げよう。

そもそも明治維新は、日本が江戸時代の封建的な社会から近代社会へと脱皮する上で歴史的な必然であったとみる向きが多いに違いない。必然であるということは、ある程度は予測できるということであり、同時にそれが正しいことであるという意味合いも含まれる。だが実際のところはどうだったのだろうか。

幕末の二大政治テーマは攘夷か開国か、尊皇か否かであったわけだが、大政奉還の時点でみれば、幕府と反幕派の薩摩藩・長州藩陣営で実際の政治的立場にそれほど大きな差があったわけではない。薩長はすでに幕府との最大の対立軸であった攘夷路線とは決別しており、開国近代化路線という点では幕府と同じ方向を向いている。尊皇か否かは、突き詰めると朝廷主導か幕府主導かということになるが、大政奉還はまさに幕府も「朝廷を中心に新政権を作る」ということに同意するものであった。

このように政策上の争点が消えたあとに残ったのは、新政権を薩長と旧幕府のどちらが主導するかという主導権争いだけである。そして、当時の薩長と旧幕府を比較してみれば、戦力的には旧幕府の方が上回っていた。つまり、どちらが正義ということもなければ、薩長側が勝つことが必然というわけでもなかった。

ここでもし旧幕府が中心となる新政権ができていたとしても、開国近代化という基本的な方向性は、実際の維新政府とおそらくあまり変わらなかったに違いない。もちろん、旧政権関係者が大きな影響力を持つ中で、実際の歴史で維新政府が行ったような急激な近代化政策がはたして実施できたのかという疑問は残るが、それはあくまでも比較の問題にすぎない。

さて、歴史上の結果としてみれば、鳥羽伏見の戦いが勃発し、薩長陣営に官軍であることを象徴する錦の御旗が翻ったことで旧幕府軍が崩れ、あっけなく勝敗は決した。旧幕府勢はなお十分な軍事力を有していたが、前将軍・徳川慶喜はその後恭順の意を示して反抗することはなかった。こうして、薩長主導による維新政府が樹立される。

この劇的な歴史の流れは、最終的には何によって決まったのだろうか。もちろん、さまざまな要因が折り重なって歴史は動いていくのであるが、最終的に決定打となったのは、歴史の主役としては描かれないその他大勢の諸藩の行動だったと考えられる。

鳥羽伏見の戦いの最中に薩長がまがりなりにも官軍になると、諸藩には動揺が広がった。藩主が幕府老中を務めていた譜代藩中の譜代藩ともいえる淀藩（稲葉家）や、外様ながら準譜代的な扱いを受けていた津藩（藤堂家）までもが薩長陣営につき、それが鳥羽伏見の戦いでの勝敗を決定的なものとしたのである。それを受けて、それまで様子見を決め込んでいたり旧幕府に同情的だったりした諸藩もまた、薩長陣営にいっせいに雪崩を打って駆け込んだ。こうなると旧幕府側が巻き返すことは至難となる。

天下分け目の戦いとか歴史的な政変劇では、同じような構図がみられることが多い。それまで様子見を決め込んでいた多くの勢力が、有利になりそうに見え始めたどちらかの陣営に雪崩を打って駆け込む。あるいは、どちらかの陣営に属していた勢力が、敵方が有利だとみるや相次いで敵方に寝返る。**最終的に歴史の流れを決定づけ、後戻りできない方向へ押し出すのは、このような〝その他大勢〟の一斉行動**なのである。

そんな彼らの行動を動機づける最大の要因は、事前の計画でも冷静な分析でも、ましてや正義感でもなく、恐怖である。時代に取り残される恐怖、新たに権力を握る者に敵視され、踏み潰されてしまう恐怖。恐怖に駆り立てられた彼らは、お互いの顔色をうかがいながら、いっせいに同じ方向を向き始める。

相場が大きなうねりを生み出すのが予想を外した投資家の恐怖なら、誰かが天下をとったり、革命が成就したりするのも、時代の敗者となりたくない人々の恐怖がなせる業というわけである。

こうしていったん流れが決まった後では、それが必然だったように思えてくるようになるが、実際には〝その他大勢〟がどちらの側に雪崩を起こすかは事前には予測がつかないことが大半であろう。**彼ら自身にも自分がどう行動すべきかはあらかじめわかっていない**のだから。

厄介な〝ペイントレード〟に巻き込まれるな

次に取り上げるのは、再び株式市場での話である。

2021年1月、活況にわく米国株式市場で、ある異変が起きた。**業績が低迷するゲームソフトの販売会社ゲームストップ社の株価が突然急上昇を始めた**のだ。わずか2週間の間にその株価は20倍以上にまで跳ね上がった（図表17）。

買い手は〝ロビンフッダー〟と呼ばれる小口の素人投資家たち。コロナ給付金を受け取り、それを株式投資につぎ込む者も多かったといわれる。ちなみにロビンフッドはスマホで簡単に株を売買できるアプリのことで、このアプリを使いスマホ片手に株を売買する個人投資家をロビンフッダーと呼ぶ。

図表17 ゲームストップ株の乱高下(2021年1月－2月)

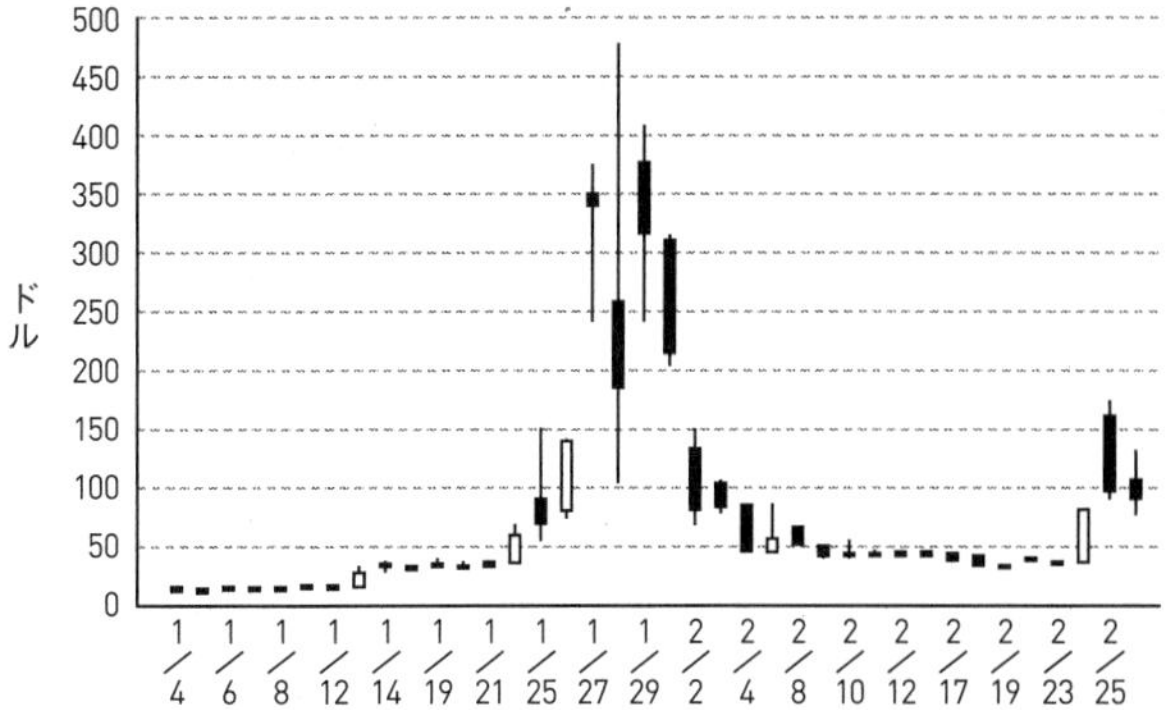

出典:Yahoo!Finance (USA)

彼らは、SNS上の投資フォーラムで情報を交換し、誰かが買おうと呼びかけた銘柄に殺到する。一人ひとりの投資金額はさほどでなくても、まとまって行動すると大きなインパクトを生む。

彼らがゲームストップに群がったのは、いくつかのヘッジファンドがこの株の空売りに回ったからだ。空売りとは、自分が保有していない株を売ることで、その株価が下がることから利益を得ようとする投資手法である。一般に投機的な手法というイメージがつきまとい、空売り投資家といえば相場をいたずらに混乱させる危険な存在とみられることも多い。

実際には空売り投資家にもさまざまなタ

イプがいて、ときに不正会計や企業の欺瞞を暴く役割を担ったり、合理的な裏付けがないままに株価が高騰してしまうことを防いだりもする。いずれにしても、ロビンフッダーはこの空売り投資家たるヘッジファンドを標的にし始めたのだ。

まずロビンフッダーの買いによってゲームストップの株価が合理的な裏付けなしに上がり始める。ヘッジファンドはそれを割高と判断して空売りする。ロビンフッダーはヘッジファンドが空売りを膨らませれば膨らませるほどに仲間に買いを呼びかける。合理的な判断をするプロ投資家と、SNSで結託してそのプロ投資家に一杯食わせてやろうと熱狂する素人投資家が激しいバトルを繰り広げたのだ。

1月27日、その月の初めには17ドル程度で取引されていたゲームストップ株は380ドルの高値を付け、翌28日には一時483ドルにまで跳ね上がった。空売りを積み上げていたヘッジファンドがついに堪えきれなくなり、これ以上の損失を回避するためにやむなくゲームストップ株の買い戻しを余儀なくされたからだった。勝負はついた。ロビンフッダーたちの完勝である。

素人投資家がプロの投資家を狩りたてるというこの異常な事態は、金余り時代における株式市場の投機性や、スマホアプリによる株式投資のゲーム化を象徴するデキゴトといえる。だがその裏には、これまでみてきたような普遍的な構造の一端も横たわっている。それは、1月27〜28日にみられた**ゲームストップ株の異常な高騰が、巨大な損失におびえる投資家の行動によって引き起こされた**ということである。だから損失を回避するためのヘッジファンドの買い戻しが一段落すると、株価はいったん大きく値を下げることになった。

実のところ、これに類することは過去にも頻繁に起きている。たとえば1998年、当時の金融界のカリスマ・ファンドマネジャーやノーベル経済学賞受賞者たちを集めた夢のヘッジファンド運用会社、ロングターム・キャピタル・マネジメント（LTCM）が経営危機に陥った。LTCMは、投資運用業界の一大スター軍団であり、多額の資金を動かす巨大投資家でもあった。

この危機のさなか、LTCMがこれ以上の損失を回避するためには、保有する株を売却し、空売りしている株を買い戻さなければならない。恐怖に駆られた巨大投資家の行動は相場に大きなインパクトを与える。だが、他の投資家はそれを見越して、先回りしようとする。

ＬＴＣＭはその一挙手一投足を注目される存在だったため、その投資内容も筒抜けだった。ＬＴＣＭが保有する銘柄は、ＬＴＣＭが保有しているというただそれだけの理由で売られ、ＬＴＣＭが空売りしている銘柄はただそれだけの理由で買われていったのである。ゲームストップ株をめぐる攻防でロビンフッダーに標的にされたヘッジファンドと同じ立場だ。

加えてＬＴＣＭは、自分の株式保有や空売りを短期間では解消できないほどに巨大な投資家だったがゆえに、そうしたポジションを解消できないうちに価格がどんどん望ましくない方向に動いていき、損失の拡大が止まらない事態に直面したのである。そして、ついに実質的な破綻に至った。

つまり相場は、ＬＴＣＭのように有名で巨大な投資家がいったん苦境に立たされると、彼らにとって苦痛をもたらす方向へと動くようになり、その投資家がポジションをすべて解消し終えるか、持ちこたえられなくなって破滅するまでそれが続くのである。

こうした相場の残酷な性質は、巨大投資家だけに向かうのではない。バブルなどで多くの無名の投資家が株をパンパンになるまで買っていればいるほど、つまり値下がりで苦しむことになる投資家が多ければ多いほど、バブルが崩壊したときの値下がりは大きくなる。

このように有力投資家や大勢の投資家にとって苦痛をもたらす方向にこそ相場が大きく動くことを、投資の世界では**〝ペイントトレード〟**と呼んでいる。株を保有する投資家がそれ以上の価格下落に耐えられなくなるときに相場は暴落する。空売り投資家がそれ以上の価格上昇に耐えられなくなるときに相場は暴騰する。

ペイントレードは、投資家がポジションを持っていないときにも生じる。投資家は、自分が株を保有していないときに、その株の価格が急上昇して利益を逃してしまうことに苦痛を感じる。だから、**大勢の投資家が株を売却し保有していないときにこそ、株価は大きく上がる。**

とにもかくにも、**相場とは誰かの苦痛を増す方向に動きがち**なものなのである。何とも恐ろしく、実に厄介な話だが、ではどうすればいいかというと、結局ペイントレードには巻き込まれないようにするしかない。

そのためには、過信をしないことだ。「みんなが予想しているから」とか、「(高名な)誰それがいっているから」ということは安心材料にはならない。むしろ、そうした情報に安住することがペイントレードに巻き込まれる可能性を高めてしまう。

何よりも、予想が外れたときにでも余裕を持って対処できる範囲内で投資を行うことが大切だ。**自分の身動きがとれなくなったときに、最悪の事態が襲ってくる可能性が高まる**からだ。

ペイントレードの背後にあるのは、人々の焦りや恐怖が大きな変動をもたらすという普遍的なメカニズムだ。それは、相場の世界だけでなく、実社会のさまざまな局面で現れてくる。ペイントレードの教訓もまた、相場の世界に限ったものではないのである。

この章のまとめ

この章では、まずアメリカ大統領選挙を例にとって、予測できることと予測できないことの違いをみてきた。予測できないことを予測しようとして汲々とするのもよくないが、ある程度までは予測できることを予測しようとしないのも間違いである。予測においては、〝集団の知恵〟を活用するのが有効である。市場メカニズムは、この〝集団の知恵〟をうまく集約する機能がある。ただし、人々がお互いの顔色をうかがっている場合には、〝集団の知恵〟はうまく機能せず、ときに衆愚に至ってしまう。

次に、予想外の結果に終わった2016年の選挙後に生じた〝トランプ・ラリー〟を取り上げ、大多数の予想が外れたときにこそ大きな波が生じうることをみてきた。予想が外れたことでパニックが生じ、恐怖に駆り立てられた人々の行動が思わぬ大変動を引き起こすのだ。

相場の急変劇の背後には、いつもこうしたパニックや恐怖がある。したがって相場の急変動は、大きな影響力を持つ特定の投資家や多数派の投資家にとって痛みを伴う方向に生じやすいという厄介な性質を伴う。

パニックや恐怖に駆り立てられた〝その他大勢〟の行動は、相場だけでなく歴史の転換点でも決定的な役割を果たすことが多い。明治維新もそうだが、それ以外にも類似の事例は古今東西を問わずいくらでも見出すことができるだろう。

綿密に練り上げられた事前の計画に頼るのはほどほどにしておいた方が良い。カリスマのご託宣や、多数派の意見にも警戒が必要だ。恐怖に駆られた人々の行動はすべてを押し流してしまう力を持っている。

大切なことは、予測できることには最大の努力を払いつつも、それでも生じてしまう予想外のデキゴトにいかに対処するかである。それに対する万能の処方箋は存在しないが、この章でみてきたようなメカニズムを理解し、過信を排し柔軟性を維持することで、最悪の事態は回避できるようになるはずである。

第6章

[CASE2]

コロナ・ラリーと常勝神話の崩壊

——AIと不確実性

覆った〝聖杯〟伝説

ついに〝聖杯〟を探り当てた常勝投資集団

投資の世界では、過去、数え切れないほどの投資家が確実に儲け続けることができる投資手法を探求してきた。だが、数多の天才奇才が挑み続けてきたこの試みが報われることは決してなかった。それは、さながら聖杯伝説のようなものであった。

聖杯とは、イエス・キリストが最後の晩餐でワインを飲んだ杯のことで、中世ヨーロッパでは聖杯を探し求める騎士物語がいくつも作られた。現在でも、この聖杯伝説が小説や映画のモチーフに使われることがよくある。

結局、いくつか聖杯の候補とされるものはあるものの、確証のあるものはまだみつかっていない。おそらくは永遠に確証が得られることはないだろう。要するに聖杯とは、得ようとしても決して得られない聖なるもの、というイメージのものであり、必勝の投資手法は投資の世界における聖杯に例えられるのである。

ところが、この投資の世界における聖杯をついに手にしたのではないかとささやかれる投資家集団が現れた。数学者ジム・シモンズが創設したルネッサンス・テクノロジーズというヘッジファンド運用会社である。

ルネッサンスが1988年に運用を開始した旗艦ファンドの「メダリオン」は、1989年に一度だけ年間損失を記録したものの、その後は負け知らずで、しかもその利益率がとんでもなくすごいのである。

1988年から2018年までの年平均の収益率は手数料控除後で39・1%、最初に100万円を投資し、同ファンドで複利運用をしていれば、単純計算で30年後には実に200億円ほどにまで膨れ上がった計算になる。しかもこのファンドは手数料がきわめて高いことでも知られていて、この数字は高額手数料を控除した後のものだ。手数料控除前の年平均収益率は推定で70%くらいにはなると考えられている。これは投資の世界ではほぼあり得ない水準で、世界でもっとも有名な投資家であるウォーレン・バフェットも顔色を失うほどのものだ。

彼らは本当にかつて誰もみつけることができなかった〝聖杯〟をついに手にしたのだろうか。言い換えれば、彼らは本書のテーマである不確実性を完全に克服する方法を見出したのか。

ルネッサンスは秘密主義でも知られていて、詳細な投資手法が開示されているわけではないが、それでもどのようなことをやっているか、ある程度のことはわかっている。簡単にいえば、数多くの相場情報を集め、それをコンピュータ・アルゴリズムによって分析し、何らかの相関関係が認められるものの中から割高なものを売り、割安なものを買うということを繰り返す。

イメージしにくいかもしれないが、**ベースとなっているのは相関関係や確率計算であり、そこには単純な相場の予測など介在しない**。そして、主役はコンピュータである。確率統計分析の手法を使って、コンピュータが分析し、コンピュータが売買戦略を編み出すのだ。もちろん人間がこのアルゴリズムを開発し、それがうまくいっているかどうかをチェックしていくわけだが、売買戦略そのものには基本的に直接かかわらない。

この手法のもうひとつの大きな特徴は、一つひとつの取引で勝つ確率はそんなにものすごいものでなくてもいいということだ。過去の似たような相場付きのときにこんな取引をしたら勝つ確率が50％超だったと計算できるような取引をひたすら積み上げていく。勝率が55％あるものをみつけることができれば御の字であり、60％ともなるとめったにみつかるものではないだろう。

そうすると、当然のことながら、一つひとつの取引の結果は勝ったり負けたりで、うまくいっているのかどうか、単独ではさっぱりわからない。10回取引をしてもその大半が損を出すことだってあるだろう。だが、確率の見積もりが大体において合ってさえいれば、100回も取引するとトータルでは勝てる確率が高くなっていく。そして、取引回数をさらに重ねていけば、ほぼ確実に勝つことができるようになる。

一回一回はほぼ「当たるも八卦、当たらぬも八卦」なのに、試行回数を積み重ねることで、次第に確率が浮かび上がってくる。確率統計論の根幹のひとつ、〝大数の法則〟

である。

そしてそれこそが、彼らがみつけた〝聖杯〟の正体だったのだ。予測できないとされていた未来を見通せる水晶玉を手に入れたのではない。**大数の法則で確率を浮かび上がらせる。あとはその確率の見積もりの精度をひたすら上げていけばよい。**

ところが、コロナショックが襲った２０２０年、ついに聖杯を手に入れたかにみえたこの常勝軍団ルネッサンスにも、大きな試練が訪れることになる。

常勝軍団もいつかは敗れる

ルネッサンスは、有名な「メダリオン」以外にもいくつかのファンドを運用している。外部投資家が出資できるファンドの中で最大のものは「ルネッサンス・インスティチューショナル・エクイティーズ・ファンド」だが、このファンドが２０２０年通年の損益率でマイナス19％という散々な成績を記録したのだ。このファンドに次ぐ他の2本の外部投資家向けファンドでも損失率がそろって30％を超えている。

運用の世界では良い年もあれば悪い年もあるのが普通だが、なにしろ常勝軍団のルネッサンスである。しかも、2020年は3月にコロナショックが襲ったものの、その後は株式市場が順調に回復を続け、多くの投資家が利益を出した年なのだ。

実は、現在ではルネッサンスの内部関係者しか投資できない「メダリオン」は2020年も大きな利益を上げたようであり、ルネッサンスの常勝神話が崩れたとは必ずしもいえない。だが、いずれにしても、コロナ・ラリー下でのルネッサンスの損失は運用業界では大きな衝撃をもって受け止められたニュースとなったのである。

しかし本来は、相場の世界で常勝を続けること自体があり得ないことなのだ。ルネッサンスがそのあり得ないことを実現した背景のひとつには、人工知能（AI）を含めたコンピュータの処理能力の劇的向上があったと考えられるが、そのことには後で触れるとして、ここでは、**なぜ勝ち続けることが難しいかという点を考えてみよう。**

まず、成功者は模倣される、ということがある。もちろんこれは、投資の世界のみならず、ビジネス一般にも当てはまる話だろう。

ルネッサンスの投資手法は素人に簡単に真似ができるものではなく、コンピュータ・サイエンス、確率統計論、人工知能などをベースにさまざまな独自ノウハウが蓄積されていると考えられる。だが、同様に数理モデルとコンピュータ・アルゴリズムによって運用する〝クオンツ・ファンド〟と呼ばれる一連のヘッジファンドは、今では世界の投資運用業界の中で一大勢力を占めるに至っており、ルネッサンスを真似し、よく似た戦略を用いているファンドも決して少なくない。

成功すればするほど、模倣者が増え、パイの奪い合いは激しくなっていくのだ。もっとも、成功者が強力な参入障壁を築くことができる場合には、成功者はますます強くなれる。だが、投資運用業界ではそうはいかない。

巨大で複雑な金融市場で、新規参入者の挑戦をものともしないほどに支配的な影響を及ぼせる投資家には誰もなれないのだ。それどころか、巨大投資家となって運用する金額があまりに大きくなると、前章でみたＬＴＣＭのように、かえって身動きがとれなくなってしまう。だから、金融市場には圧倒的に支配的な存在※22はおらず、基本的に新規参入は容易である。

クオンツ運用に限っていえば、高度なコンピュータ・アルゴリズムを開発するための投資が参入障壁になりえるのだが、そもそも投資に向けられようとしているお金は世界にあり余っており、有望なアイデアと人材さえあればお金は十分に集まってくる。それに、この世界は成功したときの報酬が桁外れに大きいので、人材もアイデアも、世界でトップクラスのものがこれまたいくらでも集まってくる。結果として、競争はきわめて熾烈なものになるのである。

もちろん、自社で蓄積した独自ノウハウだけはほぼ唯一の参入障壁になりうる。ルネッサンスが徹底した秘密主義を貫くのは、それを外部に流出させないことが優位性を保つ上で不可欠だと考えているからだろう。実際に激しい競争の中でもルネッサンスが長年にわたり優位性を維持し続けているのはものすごいことなのだが、その優位性がいつか失われること自体は十分にありえることである。

次に、投資運用業界で成功を収め続けることが難しい第二の理由として、何度か触れているが、成功者にはお金が集まってくるので、規模が大きくなりすぎてしまい、身動きが取りづらくなるという点がある。

先ほど述べたとおり、勝率55%とか60%というような分の良い取引機会はそんなには存在しないものだ。それにもかかわらず成功した運用会社にはお金がどうしても集まってきてしまう。そのお金を運用するためには、もっと分の悪い取引にお金を回したり、ときに大きなリスクをとったりしなければならない。結果として、収益率は低下していかざるをえない。

投資の神様とされるウォーレン・バフェットだって、自身の投資資金が巨額になってからは、次第に突出した成績を収めることが難しくなっている。ルネッサンスが旗艦ファンドだった「メダリオン」に懲罰的とも称される高額手数料を課しているのも、今では外部投資家の資金を受け付けていないのも、十分な収益性を確保するために運用規模を一定以上に膨らませないためなのである。

成功が続かない三番目の理由は、これがもっとも強力な理由であるかもしれないが、環境が変わってしまうことである。

ルネッサンスの聖杯は、基本的に過去のデータをもとに将来の確率を計算するという考え方に基づいている。しかし、**人々の行動、市場の反応の仕方が過去とは根本的に変わってしまったら、その確率の見積もりも妥当なものとはいえなくなってしまう。**

もちろん、時代とともに変わるものと変わらないものがあるはずだ。たとえば、情報の流通速度は時代とともに急激に増大している。ある種の情報は瞬く間に世界に広がり、すぐに陳腐化してしまう。SNSの発展で、偽情報が一気に広まったり、大勢の人間がいっせいに同じ方向に向かって行動するいわゆる群衆行動も発生しやすくなっている。明らかに新しいパターンがどんどん生まれてきているのである。

一方で、本能に根ざした人間の行動や反応のパターンは、どんなに不確実にみえる時代においても大体共通している。むしろ、不確実性が高まったり、パニックが発生したりするほどに人は本能に頼るようになるため、過去と同じようなパターンで行動しがちになる。

実はルネッサンスの運用成績は、2020年を除くと、市場にパニックが生じ、株価が大幅に下落するような局面でとくに好成績を収めているのだ。たとえば、ITバブルが崩壊した2000年は手数料控除後で98・5%、リーマンショックが発生した2008年には同82・4%という信じられないような収益を上げている。

この事実は、ルネッサンスのアルゴリズムが人間の本能に根ざした行動パターンをかなりの程度読み取っていることを示唆しているように思われる。だが、それ以外の部分では、時代とともに人々の行動パターンは変わり、かつてうまくいっていたやり方が通用しなくなっていく。
こうした数々の要因の積み重ねによって、成功を続けることはとてつもなく難しいものになっていくのである。

2020年に常勝軍団ルネッサンスが外部向けのファンドで記録した損失が結局何を意味するのか、まだ現時点では定かではない。ルネッサンスのみつけた聖杯はまだ聖杯のままで、この損失はときたま起きる例外的なエラーにすぎないのか。それとも、成功は決して永遠には続かないという真理がルネッサンスにも及んできたことの現れなのか。いずれにしても、ルネッサンスの栄光と蹉跌は、不確実性への対処を考える上で格好のケーススタディになるはずである。

※22 唯一の例外が中央銀行や政府であろう。中央銀行・政府は、勝ち負けにこだわらずに巨額のお金を投じることができるので、その影響力は巨大である。もっとも、中央銀行・政府が最終的に身動きできなくなって市場に逆襲されるケースも生じうる。

AIは不確実性を乗り越えられるのか

AIには何ができて何ができないのか

ルネッサンス・テクノロジーズや類似のクオンツ・ファンドの成功は、コンピュータの処理能力、ビッグデータやオルタナティブ・データ、AIといったものが不確実性への対処で大きな力を発揮しうることを示しているように思われる。

こうしたテクノロジーの進歩は、ルネッサンスが投資の世界でかつて誰もなしえなかったような成績を収めているように、不確実性を克服する決め手となるのだろうか。おそらくその答えはイエスでもあり、ノーでもある。

まず思い起こすべきは、ルネッサンスが莫大な相場情報をコンピュータに処理させせることで生み出しているものは、非常に限定的な将来予測であるという点である。我々がもっとも知りたがるような、たとえば今後株価は上がるのか下がるのかといった単純で断定的な予測に焦点を合わせているわけではないのだ。

そのかわりに焦点を当てているのは、さまざまなデータ間の相関関係を把握することと確率計算である。

たとえば、同じ自動車メーカーであるトヨタ株とホンダ株の値動きには何らかの相関関係があるはずである。だが短期的には、特定投資家の大量売買などの特殊な要因によってこの関係が崩れ、トヨタ株が相対的に高くなって、ホンダ株は相対的に低いというような状態になることがある。この状態をもたらした要因が消えてなくなれば、両者の株価は以前の関係に戻っていく可能性が高い。だから、トヨタ株を空売りし、ホンダ株を買う。こうした取引には、株式市場全体が上がるか下がるかといった単純な予測は介在していない。

ただ、**何らかの要因で一時的にゆがめられた相関関係は、その要因が消えれば元に戻っていくはずだというようなことを予測しているにすぎない**のである。しかも、本当にその要因がすぐ消えるのか、消えたとして本当に元の関係に戻るのか、断定的な予測はできないので、「過去の値動きに照らしてその確率は55%」という具合に判断する。我々が一般にイメージする将来予測とはかなり種類の異なるものなのだ。

もちろん実際にルネッサンスが行っているのはもっと複雑で高度な判断であろうが、基本的には単純な将来予測ではなく、確率統計処理に基づいた相関関係や確率の計算を行っているという点はとても重要である。

なぜルネッサンスは、このようなデータ分析にばかり焦点を当て、もっと単純で簡単に儲かりそうな将来予測に力を注がないのか。その答えは簡単である。ビッグデータの分析やAIの活用によっても将来の大半は予測できないままであり、予測できないことに資源を浪費するのは無駄だからだ。

実際にはビッグデータの分析やAIを駆使して相場の未来をもっと明確に予測しようとする試みはさまざまなところで行われてきた。莫大なお金と超一流の人材が惜しげもなく投じられてきたそれらの試みは今のところあまりうまくいっておらず、結局もっとも効果的だったのがルネッサンス型の手法だったというわけである。

膨大なデータを分析し、感情に振り回されることなく冷静に確率計算をする。現代の高性能なコンピュータが、そうした仕事を人間よりはるかに正確に、はるかに迅速に行えることは間違いない。だからこそ今や投資運用業界の最前線は、人間のトレーダーからコンピュータに主役が移っているのである。ちなみにユーレカヘッジという調査会社が公表しているヘッジファンド指数によると、AI運用のヘッジファンドは全体に比べてほぼ一貫して成績が良い（図表18）。

だが、それは**コンピュータが将来を劇的に予測できるようになったことを意味するわけではない。**

コンピュータの処理能力の急速な向上、自ら学ぶことができるAIの登場によって、今までやろうと思ってもできなかったさまざまな分析手法が使えるようになったのはたしかである。ルネッサンスがやっているようなことを人手でやろうとしても、それは到底不可能だろう。

また、オルタナティブ・データと呼ばれる今までは利用が難しかった新しいタイプの情報が活用されるようになってきているのも、テクノロジーの進歩のおかげだ。衛

図表18 AIファンドの運用成績
（ヘッジファンド指数、2009年12月=100）

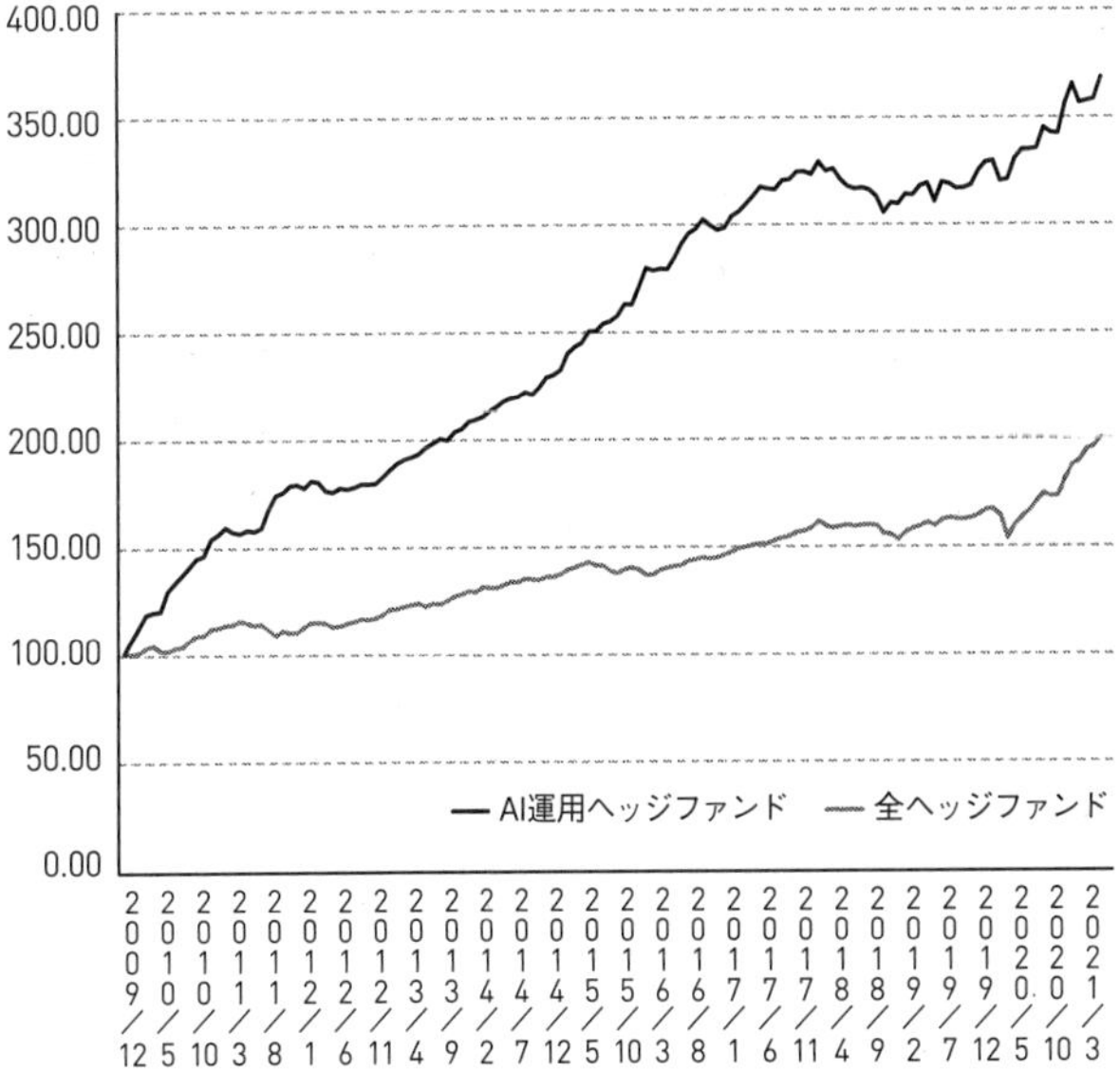

出典：EUREKAHEDGE

星写真の解析で原油の備蓄量や港に積み上げられたコンテナの量をリアルタイムで把握したり、販売時点情報管理（POS）システムやクレジットカードの決済情報などで、公式統計を待たずに消費動向をこまめに把握したり、SNSなどでやりとりされる膨大な情報の流れから人々の関心事やムードを把握したり。いずれも将来を予測する上で新たな手がかりを与えてくれるものばかりだ。

だが、こうした**データの活用で分析の精度やスピードがアップするのはたしかだとしても、やはり大半のことは予測できないまま**である。予測できることに関して予測の精度を上げるべく努力することは、いうまでもなくとても重要なことである。他方、それで不確実性が解消されるわけでないことははっきりと認識しておくべきだ。

将来のデキゴトは、現在の延長線上にある部分と、偶然やフィードバックの作用によって予測が不可能となる部分によって構成されている。前者はテクノロジーの進歩によって少しずつ予測能力が改善していく余地がある。だが、後者については結局のところ予測できないままだ。そして、後者の領域は非常に広範にわたっている。

ＡＩの将来像については専門家の間でも見解が分かれている。人間のようにさまざまに異なる情報を総合して判断することができる汎用型ＡＩが登場し、やがて人間を凌駕する存在になると考える専門家もいれば、そのような汎用型ＡＩの誕生は難しいと考える専門家もいる。私は、素人ながら、いつになるかはわからないものの高度な汎用型ＡＩが生まれてくるのではないかと想像しているが、仮にそうなったとしてもそのＡＩが将来をすべて見通すことはできないだろうと思う。**不確実性は、我々の世界にとって本質的な要素**だからである。

イノベーションがもたらす新たな〝予想外〟

世界が効率的になるほどランダムウォークになる

経済学やファイナンス理論では、すべての情報はすべての人にあまねく瞬時に伝わり、すべての人はただちにそれらの情報を総合して経済合理性に基づいて適切な行動をとるという前提を置いている。

もちろん現実はそうではない。すべての情報が瞬時にあまねく伝わるわけではないし、人はすべての情報を利用したり、合理的に行動するとは限らない。

だからこそ不確実性が生まれると考える人は多いだろうが、必ずしもそうではない。むしろ**情報の偏在や人間の非合理性は特定のパターンを有していて、そこに一種の予測可能性が生まれる**のだ。

たとえば、コロナショックなどの経済ショックから経済がどのくらいのスピードで、どの程度まで回復するかという問題を考えてみよう。最初は人によって見方がさまざまに異なり、不確定要因も多いので、漠然とした予測しかできない。だが、ワクチンの開発や接種状況、感染拡大を早期に抑えた国で経済がどのような道筋をたどったかなど、種々の判断材料が時間とともに増えていき、やがて将来の道筋に関してのコンセンサス予想が形成されていく。

だが、こうしたコンセンサス予想は一気に大勢の人が共有する情報とはならない。時間をかけて少しずつ広まっていくのだ。全体のたとえば20%の人しか共有していなかった情報がゆっくりと60%の人に浸透していく。その過程で、株式相場には持続的なトレンドが生じる。

「多くの人が考えているよりもかなり急速に経済が回復していく可能性が高い」という情報が多数に浸透していけば、その過程で株には買い圧力がかかり続け、上昇トレンドが生まれる。そして、その情報が多数に共有されるようになった時点で、新たな株の買い圧力が弱まり、上昇トレンドも消えていく。

つまり、**情報が瞬時にあまねく伝わらないからこそ株式相場にはトレンドが生まれるのである。**そこに予測可能性が生まれる。

もしどんな情報でも瞬時に多数の人に共有されるのなら、株価は新たな情報が生まれるたびに大きく変動するものの、その動きは持続しない。だから、予測もできない。

人間の非合理性についても同様だ。

第4章でみたように、人は、皆が同じ方向に間違えやすい。だから、株価は本来あるべき水準から乖離する。人気のない株は皆が嫌うので割安になり、人気のある銘柄は皆が好むので割高になる。

こうした人間の非合理性もまた、一種の予測性を生む。割高になった株は、その割高さを支える要因がなくなったときに値下がりする。割安な株もまたしかりだ。いつどのくらい上がるのか下がるのかという断定的な予測は依然として難しいが、条件付きの予測は可能になる。

人間が非合理的で、かつ同じ方向に間違えやすいからこそ、株式市場にはチャンスが生まれるのである。人間が等しく合理的であれば、そのようなチャンスは消える。

さて、株式市場はすでにコンピュータ・アルゴリズムが主導する場となっている。これらのアルゴリズムの一部は、ただ単に人間が記述したプログラムに沿って淡々と高速処理をするだけのものから、膨大なデータを自ら分析して瞬時に売買戦略を立案、実行するタイプのものまでさまざまである。一般に、後者のタイプがＡＩによる運用ということになるが、いずれにしても、情報処理や売買の実行などは人間とは比較にならないほど高速になり、迷ったり、感情に引きずられてミスをしたりすることもない。

このようなＡＩ運用の高度化が進み、市場での存在感を増せば何が起きるのだろうか。情報処理や情報伝播の速度が格段に上がっていくことは間違いない。判断の非合理性はどうだろうか。

投資における現在のＡＩの利用法は、過去の値動きから何らかのパターンを見出すタイプのものが主となっている。過去の値動きには人の非合理性が多分に含まれているだろうから、それをベースに判断したＡＩの判断にも人間の非合理性が前提として含まれていることになる。つまり、**ＡＩもまた人の非合理性を学ぶ**のだ。

こうした点は、人工知能の可能性を世に知らしめたグーグル（現アルファベット）子会社のディープ・マインド社が開発したアルファＧｏが対象とした碁とは違う部分だ。アルファＧｏは最終的には、過去の人間同士の棋譜などを使わず、ＡＩが自己対戦して腕を磨くことで急激な進歩を可能にした。人間の判断や好みとは関係なく、客観的に勝てる可能性の高い手を考え出せればよいのだ。

これに対して株式市場は、非合理的な投資家の行動も相場変動に反映される。そこから離れて「絶対的に正しい手」というものは存在しない。**周りの投資家が非合理的ならば、その非合理性を前提とした戦略を考えなければならない。**

とはいえ、ＡＩが市場の主導権を完全に握るようになれば、情報処理が遅く感情に引きずられる人間はただＡＩのカモにされるだけになってしまう可能性が大きくなり、市場での存在感を失っていくかもしれない。そうなると人間の非合理性が生み出す相場変動のパターンは影響が薄れていき、時間とともに、市場はより合理性を増していくことも考えられる。

では、そのような市場ですべてのＡＩは収益を上げられるのだろうか。

もちろん、そうはならない。市場がＡＩ同士の勝負の場になれば、すべてのＡＩが勝者となることが不可能であることは自明だろう。ＡＩがどんなに人間より優れていたとしても、**ＡＩが市場の大半を握った時点でＡＩもまた勝ち組と負け組とに分かれる**ようになる。そしてＡＩの能力が競争によって磨かれていけばいくほど、その勝敗は偶然のみによって左右されるようになっていく。

そもそも情報が瞬時にあまねく伝わり、投資家が合理的に判断する経済学上の理想世界では何が起きるのだろうか。実は、それこそが第1章で取り扱ったランダムウォーク世界なのである。ランダムウォーク理論は、経済学における理想世界を支配する原理である。情報が瞬時に伝わり、投資家が合理的に行動すると、相場は完全なるランダムウォークになり、まったく予測が不可能になる。

ランダムウォーク理論は現実世界にも当てはまる場合が多いことはすでにみてきたとおりだが、今までは、厳密にいえば現実世界は経済学の理想世界とは違うから、完全なランダムウォークにはならないという反論が可能であった。だが、**ＡＩの進歩は、現実の世界を経済学の理想世界に近づける。その結果、情報伝播の遅延性や人間の非**

合理性に起因する予測可能性は消えていき、ランダムウォークという偶然が支配する世界へと一層近づいていくのである。

繰り返すが、世界の根底には確率や偶然に支配されるメカニズムが存在する。ＡＩでもそれは乗り越えられない。一方で、その不確実性に対する人間の反応には一定のパターンがあり、そこに予測可能性が生まれる。だが、人間の反応に伴うさまざまな制約はＡＩによって克服が可能だとすれば、そうした予測可能なパターンは消え、予測不可能な世界だけが残るのである。

情報革命がもたらした分断と憎悪

１９９０年前後から始まったインターネットを核とする情報通信革命は、まったく新しい情報社会、ネット社会を生み出した。誰もが情報を発信することができ、誰もが世界中の情報にアクセスすることができる時代。人々は情報の制約から解放され、多くの人が正しい情報や普遍的価値を共有するようになり、世界はひとつに結びつけられるとの期待が広がった。

2010年にチュニジアで起きたジャスミン革命※23をきっかけに広まった「アラブの春」は、SNSによる情報共有が世界を民主化に向かわせる証左ともみられた。

だが、それから10年ほどで世界の様相はすっかり変わった。

ネット社会では、匿名性を武器に、激しい個人攻撃や誹謗中傷がごく当たり前のようにみられるようになった。検索履歴などに基づいてユーザのみたい情報だけが選別されて提供される「フィルターバブル」によって、人々は偏った情報だけに包まれるようになった。特定の意見を持つ者同士が結びついて共鳴現象を起こす「エコーチェンバー」効果も加わり、ネット上では、とくに政治的なテーマをめぐって分断と極性化が生じた。かつては大多数の人に嫌悪され、タブー視されたはずの極端な政治的見解が大手を振ってのさばり、ときに強い影響力を持つようになった。

こうした社会の分断と極性化が、実社会における所得や資産の格差拡大によって促された面があるのはたしかだが、ネット社会の到来がそれを強力に後押ししたこともまたたしかだ。

アメリカでは2016年、および2020年の大統領選挙で明らかになったように、政治的立場を異にする人たちは、もはや歩み寄る余地さえほとんどなく、まったく別の世界に住んでいるかのように異なる世界観を持つようになっている。

そして、世界の民主化は進むどころか大きく後退し、非民主的な権威主義の台頭にさらされている。さらに、そうした権威主義的な政府は、ネット社会を利用して、監視を強め、敵とみなした勢力への攻撃を強めているのだ。

ネット社会は、世界の民主化や一体化をもたらさなかった。ネット社会がもたらしたのは、みたいものだけをみて、自分とは異質なものに敵愾心を燃やしながら分断化していく人間の本性がむき出しになる世界だったのだ。

もちろん、ネット社会はとてつもなく大きなメリットをもたらしたことは事実である。人々の生活は以前よりはるかに便利になり、もはやネットのない世界に戻ることは考えられないという人がほとんどだろう。

しかし、**画期的イノベーションによる社会の変革にはさまざまな副作用が伴う。そして、そのほとんどは予想外のものなのである。**

前項では、ＡＩなどテクノロジーの進歩によっても相場のランダム性は消えないと述べた。誰もが知りたい情報を正確に知ることができるようになるはずだった情報革命によって不確実性が消えてなくなるというのもまた、完全なる幻想にすぎない。

そもそも、その情報革命が何をもたらすことになるのか、我々は事前には予想ができなかった。テクノロジーの進歩やイノベーションが引き起こす想定外の影響は、こうして今後ますます広く、急速にその力を増していくことになるだろう。そして、**我々はますます不確実な時代へと向かっていく**のである。

※23　露天商の青年が政府への抗議のため焼身自殺した事件をきっかけに広がった反政府運動。ＳＮＳによる情報交換が運動を一気に拡大させたといわれる。チュニジアでは長期独裁政権が崩壊して民主政権が誕生、周辺諸国にも民主化を求める運動が波及して、「アラブの春」へとつながった。

この章のまとめ

この章では、投資の世界を席巻したかにみえるルネッサンス・テクノロジーズを取り上げ、コンピュータやＡＩが不確実性とどのような関係を持つのかを考えてきた。

少なくとも現時点では、ＡＩは我々が期待するような単純明快な形で将来を予測することにはそれほど長けていない。そして、おそらくは今後も将来を正確に予測するＡＩなど登場はしないだろう。どれだけ情報処理のスピードが上がっても、やはり世界の核心部分には不確実性があるからだ。

ただ、視点を変えれば、コンピュータやＡＩが不確実性に備える手段を提供することは可能である。ルネッサンスは、過去データから何らかのパターンを見出すことで、不確実な世界でもほぼ確実に利益を上げられる方法をみつけようとし、ある程度はそれに成功している。だが、コンピュータやＡＩにはできることとできないことがある。

今後、コンピュータの処理能力は一層強化され、より汎用的で卓越した能力を持つＡＩも生まれてくるだろう。合理的なＡＩが主導権を握る社会が訪れれば、人間社会特有の非合理性は徐々に解消されていくかもしれない。しかし、それは将来の予測可能性が劇的に高まることを意味しない。経済学では、情報が瞬時にあまねく伝わり、合理的な判断がなされれば、世の中は予測できない要因によってあっちにふらふら、こっちにふらふらするランダムウォークに近づくと想定している。

そもそも、情報通信革命によって、世界はもっと民主化され、もっと一体になるはずだった。でも現実はそれとは逆方向に動いている。ネット社会の深化が何をもたらすのか、ＡＩの能力向上や汎用ＡＩの登場が何をもたらすのか、おそらくその影響は予測できない形で広がっていくだろう。

結局、情報革命によって不確実性は消えてなくなるどころか、ますます不確実な時代が訪れようとしているのである。

終章

人生を長期的成功へと導く思考法

予測に頼らないという新しい考え方

予測は外れて当たり前

本書の中でも何度か触れてきたが、人は、不確実な未来に対して、それをできるだけ精緻に予測することで対処しようと考えることが多い。

投資家は専門家の予測を聞きたがり、未来予測に関する本は売れ、将来のトレンドを語るセミナーには黒山の人だかりができる。また年末年始には、新聞や雑誌で必ずといっていいほどに、新しい年がどのようなものになるかを予測する特集記事が掲載される。

それらはすべて、不確実な未来を少しでも見通したいという願望の表れだ。それでも、予測は当てにならず、予想外のデキゴトは必ず起きる。

少し具体的な事例をみてみよう。

リーマンショックのあった2008年、日経平均株価は1万5155円で取引が始まった。新聞や雑誌に載った複数の専門家による年頭の予測では、年内の日経平均株価の下限が1万2000円、上限が1万9000円あたりという感じだった。実際には、日経平均株価は一時7000円割れにまで急落し、年末の取引を8859円で終えている。

アベノミクスがもてはやされて久々の株価大幅上昇がもたらされた2013年には、日経平均株価は1万604円でスタートしている。やはり年頭の予測では8500～1万3500円程度の範囲が示されていたが、実際には1万6291円まで上昇した。

大きな価格下落も、大きな価格上昇も、どちらも事前にはまったく予測できていなかったのだ。これらは限られた数の専門家の予測だが、ほとんどの人はこうした専門家の予測を参考にして予測を立てると思われるので、つまりは大半の人が予測に失敗したことだろうと推測される。株価の予測に限らず、たいていの予測というものは、そんなものなのである。

さらに、**多くの人が納得しやすい、つまりコンセンサスが得やすい予測はとりわけ外れやすい**。これは、大勢の人が予測していたのとは違うことが起きたときに、予測を外したその大勢が慌てふためいてパニックを起こすことでその動きが増幅され、ますます予測と違う結果が招き寄せられてしまうからである。

たとえば、「株価は上昇しない」と大勢が予測していたときに力強い株価上昇が始まると、それを予測できなかった人たちが慌てて買いに走るため、株価上昇に一層弾みがついてしまう。その一方で、大勢が予測していたとおりのことが起きたときには、慌てふためく人も少なく、パニックによるその手の大きなうねりは発生しない。つまり、**モノゴトはコンセンサスとは違う方向にこそ大きく動く性質を持っている**のだ。

だが、人はひとりだけ周囲と違う意見を持つことを嫌うため、どうしても大勢の人が支持している予測に頼りたくなる。その結果、予測はますます当たらなくなる。

そうしたことにもかかわらず、投資家は大きな相場変動を予測できなかったことを毎回悔やみ、企業内では大きな環境の変化に直面するたびに「なぜこんなに重要なデキゴトを予測できなかったんだ」という叱責の声が飛び交うことになる。

人はなぜ同じ過ちを毎回繰り返してしまうのだろう。予測はいつも外れているのに、なぜ次の予測は当てられるはずだと思うのか。投資の世界で長年にわたって成功を収めてきた投資家たちだって、実際にはたいして予測が的中しているわけではない。それでも彼らが投資で成功しているのは、なぜなのだろうか。

ここまで不確実性の本質を学んできた読者なら、不確実性がなぜ予測できないかについても理解していることだろう。

結局のところ、ランダム性に起因するものであっても、フィードバックに起因するものであっても、不確実性について正確に予測することなどできない。だから、予測が当たらないこと自体が間違いなのではない。それは、当たり前に起きることだ。カリスマといわれる人でも、真の専門家として鍛錬を積んだ人でも、同じことである。

あらためて強調するが、**予測が当たらないことが問題なのではなく、予測できないことに予測することで対処しようという考え方がそもそも間違っている**と考えるべきなのだ。

これは、もちろん、予測をするなという意味ではない。次に何が起きるのかを予測しなければ何も始めることはできない。

投資家は、次の相場変動のイメージを思い描くことで初めて投資行動に移ることができる。

企業は、ビジネスをめぐる次の新しい潮流を予測することで初めて、新しい製品やサービスの開発に取り組むことができる。

だが、不確実な未来における予測は、単なる仮説にすぎないということをまず理解する必要がある。予測が仮説にすぎないとしたら、これには必ず複数のシナリオがありうるはずだ。もちろんその中には、自分にとって決して都合の良くないシナリオもあるはずである。

さらにいえば、そもそも完璧な予測というものは存在しえない。どんなに精緻な予測を心がけたところで、結局は予想外のデキゴトは起きるからである。**すべての予測は、そうした不完全な仮説のひとつにすぎない**。たとえそれらしく聞こえたとしても、聞き心地のいい特定の予測に頼ってしまうべきではない。

ただ、「予測に頼ってはいけない」という言葉を、まだ起きていない大きな変化や危機について思いをめぐらせることも不要なのだ、というふうには受け取らないでほしい。不確実性のせいで何が起きるかはわからないのだから、今この瞬間にも何か大きな変化が起きつつあるかもしれず、新しい危機の芽が育っているかもしれない。

わずかな兆しをもとに、それが予想外の大きな動きにつながるかもしれないとさまざまなシナリオを思い描き続けることこそが大切なのであり、最初に立てた特定の予測にこだわって、そのような作業を怠ることがあってはならない。これが、予測に頼ってはいけないという意味なのである。

厳密にいえば、未来には予測できる未来と予測できない未来があるわけだから、予測できる未来を見逃していたのなら、それは改善していく余地がある。だが、不確実性の存在を前提にするとき、それよりももっと大切なことは、予想外のデキゴトが起きたときに、いかに冷静に、いかに柔軟に対処できるかということだ。

私事で恐縮だが、私はトレーダーやファンドマネジャーとして15年、その後は評論家兼個人投資家として十数年、相場と付き合ってきた。

かくいう私も、初めのころは多くの時間を費やして、いかに相場の行方を正確に予測できるようになるかに汲々としていた。たしかに、1年などの短期間で区切ってみたときに、自分でも驚くほどに予測が当たるような時期もある。だが、相場の先行きが読めるようになった、自分はやっと不確実性を克服したのだと自信満々になり始めると、いつも予想外のデキゴトが起きて、しかもそれをうまく切り抜けられなくなる。

正確な予測をしようと汲々とするのではなく、むしろ自分の予測が外れることを常に想定しながら、リスクをコントロールして最悪の事態を避け、たまにやってくる大きなチャンスを逃さないように心がけることを学ぶまでには、長い時間がかかった。そのように考え方を切り替えることで、前よりもはるかに安定した良いトレードができるようになったのだ。

相場の世界における偉大な成功者であるルービンやジョーンズが、見込みが外れて失敗する可能性を常に意識し、慢心を戒めている本当の意味も、不確実性に向き合うことで初めて理解できるようになる。

こうした考え方は、企業経営の世界では**「計画のない進歩」**という概念に通じる。明確な計画のもとで一直線に進むのではなく、環境の変化に合わせて柔軟に戦略を修正していくことで、あたかも生命が長い時間をかけて生き抜き、ついには人類にまでたどり着いたような進化と似たような進歩を実現するというものだ。

この概念を提唱しているジム・コリンズとジェリー・ポラスの名著『ビジョナリー・カンパニー』では、長期間にわたって成長を続ける超優良企業には、こうした戦略の柔軟性が共通してみられるとしている。

具体的にいえば、製品やサービスの開発において、特定のものに決め打ちをするのではなく数多くのアイデアを試し、その結果として数多くの小さな失敗をし、その中からうまくいくものを大きく伸ばしていくというやり方が有効だと説かれている。[※24]

超優良企業（ビジョナリー・カンパニー）におけるこうした戦略や考え方は、まさに不確実性に柔軟に対処するやり方そのものといえる。特定の予測や特定の計画にこだわるのではなく、環境の変化に柔軟に対処する。でもリスクは恐れずに、数多くの小さな失敗とともに、いくつかの大きな成功を手にする。不確実性と上手に付き合い、それをうまく活用する企業が長期的な発展を遂げる超優良企業となっていくのである。

勝率に惑わされない

一回一回の勝負にこだわり、勝率を高めていくことは、成功の確率を高めると一般に考えられている。勝率で年間の優勝チームを決めるプロ野球のリーグ戦ならば、そうした考え方はとくにフィットするだろう。だが、プロ野球のリーグ戦のようなケースは、現実の世界ではむしろ特殊なものだ。

たとえば株式投資は、ある程度の期間にわたって積み上げられていった利益と損失のトータルが成功の尺度となる。「勝率」や「勝ち星の数」ではなく、「総得失点差」を競うものなのである。人生をゲームにたとえることはよくあるが、そういった意味では、人生の大半はこのような総得失点差を競うゲームであることが多いだろう。

不確実性を前提とするとき、総得失点差と勝率は、実は直接的に結びつかない。むしろ、**勝率を引き上げることで、長期的な総得失点差が犠牲になってしまうこともある。**

しかし、人は、自己正当化の欲求のせいで自分の失敗を認めることができず、一回一回の勝ち負けにこだわるあまり、勝率の高いやり方こそが良いやり方だと考える。だが、そこには大きな落とし穴が待ち構えているのである。具体的な例を挙げて説明しよう。

投資の世界には必勝法として知られるやり方がある。マルチンゲールといわれるものだ。ある株を買って、値下がりしてしまっても、売却して損失を確定させたりせずに、その株をどんどん買い足していく手法である。

話を単純化するために、ある株の現在の株価が1000円で、毎日必ず50円ずつ値上がりか値下がりするとしてみよう。最初に100株に投資して、翌日1050円に値上がりした場合には、そこで売却して5000円の利益を確定する。

もし株価が950円に下がってしまった場合には、その値段であらたに100株を買い増す。

1日目には5000円の評価損失が発生しているが、2日目は保有株が200株に増えているので、次の日に株価が50円上がった場合には1万円の利益が生まれることになり、1日目の評価損失を帳消しにした上で、通算で5000円の利益となる。そこで、すべての保有株を売却して利益を確定させる。

株価が下がり続けた場合には、図表19のように、その都度保有株数が2倍になるように株を買い足していけばいい。いつか株価が上昇する日が訪れたときに、それまでに累積された評価損失が一気に解消されて、5000円の利益が確保できるようになる。

株価が永遠に下がり続けることがないとすれば、そして株を買い足す資金が永遠に続くとすれば、この手法はいつか株価が上昇する日に確実に利益をもたらしてくれる。それが、必勝法といわれる所以だ。

だが、本当にリスクはないのだろうか。

株式市場では、ごく稀に株価が何日にもわたって下がり続けることがある。そのような場合に、この手法では投入する資金量が倍々ゲームで膨らんでいくので、やがて投入できる資金が尽きて、大きな損失を抱えたまま取引を終えなければならなくなる可能性がどうしても残ってしまう。一見必勝法にみえるこの手法は、実際には必勝法でもなんでもなく、**わずかな確率で巨大な損失を被る可能性と引き換えに、わずかな**

図表19 マルチンゲールの投資方法と結果

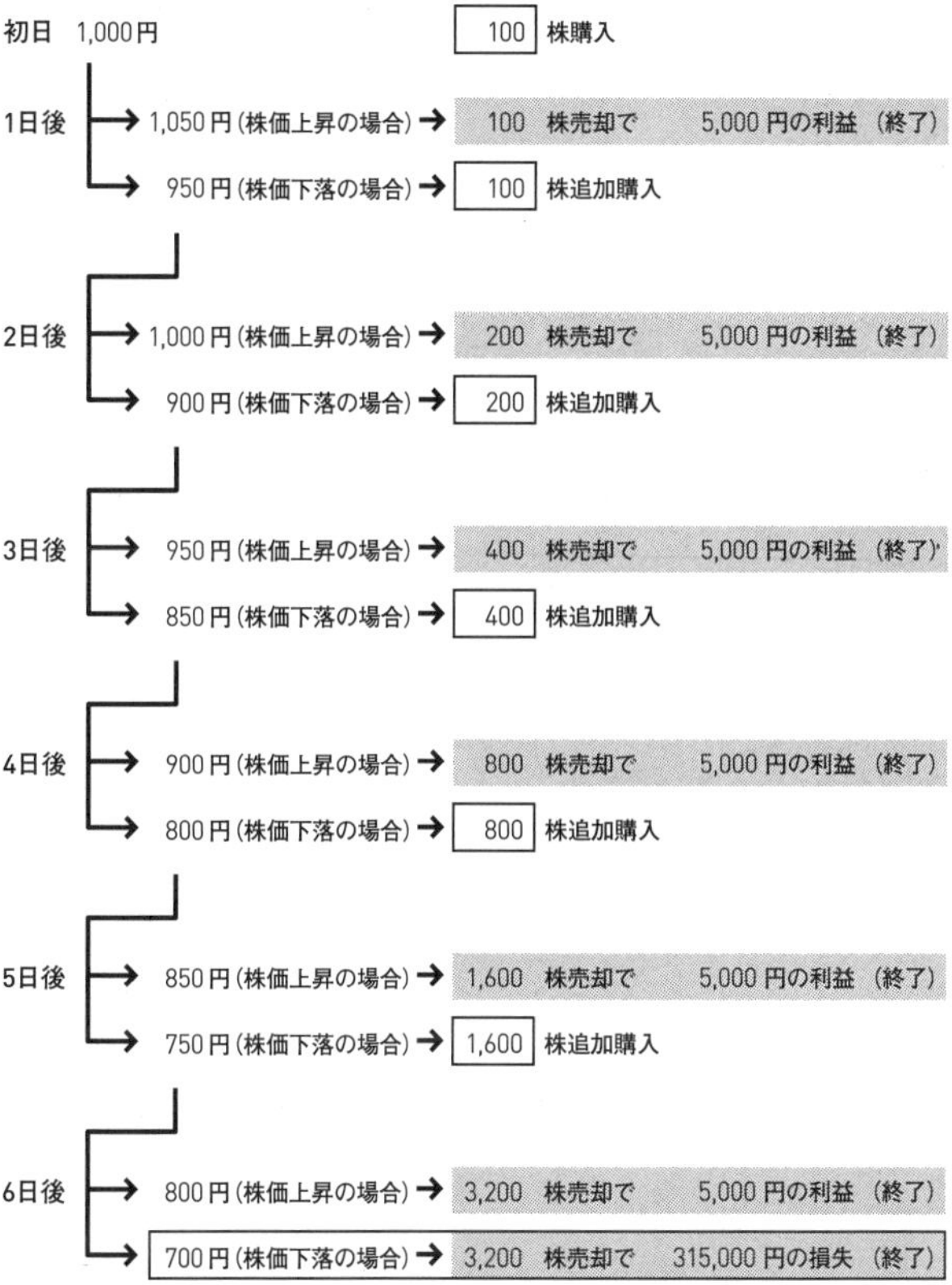

6日連続で株価が下がり、資金不足で売却を
余儀なくされたときに、大きな損失が発生する!

利益を得る確率を引き上げているにすぎないのだ。

この手法の損益の発生パターンのイメージを図示してみた（図表20）。

たいていの場合、短期的には着実に利益を上げているようにみえる局面が続く。そうした状況が続けば、誰しも自分は投資の天才ではないかと思えるようになるに違いない。だが、これを長く続けていけば、いつか取り返しのつかない大きな損失を被る瞬間がやってくることになる。

たとえば、5日連続で株価が下がっても株を買い足していけるだけの資金を用意したときのことを考えてみよう。仮に株式相場がまったくランダムに動いているとした場合、6日連続で株価が下がり続ける確率は約1・6％（二分の一の六乗）だ。つまり98・4％（100％－1・6％）の確率で5000円の利益が出て、1・6％の確率でその63倍に当たる△31万5000円の損失が出ることになる。期待利益を計算してみると、結局ゼロだ。

用意する資金量を増やして、もっと長い株価下落に耐えられるようにしたとしても、期待利益の計算結果は変わらない。つまり、ちょこちょこと勝ち続け、ごく稀に

図表20 マルチンゲールの累積損益の推移イメージ

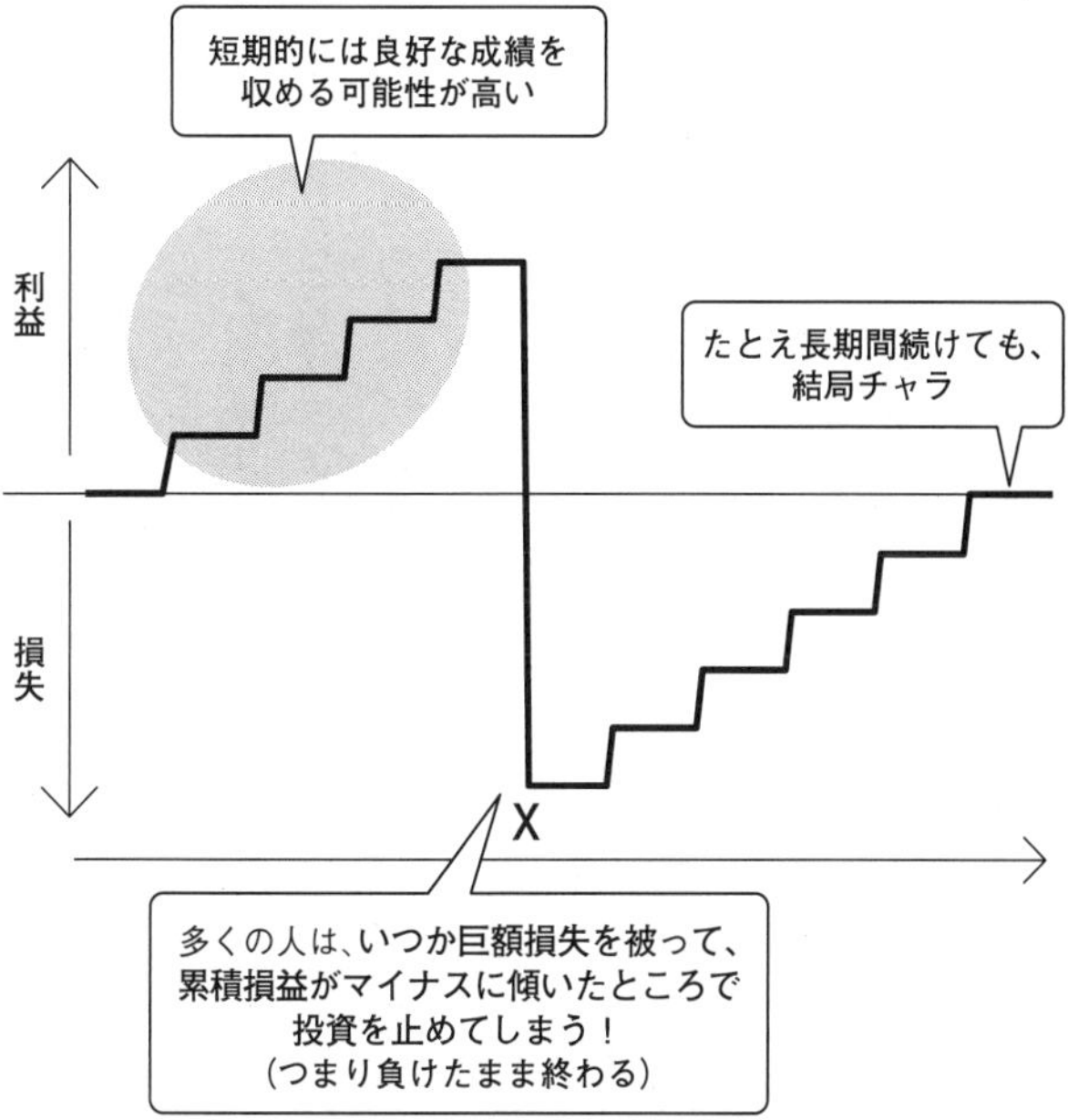

短期的には良好な成績を
収める可能性が高い
利益
損失
たとえ長期間続けても、
結局チャラ
X
多くの人は、いつか巨額損失を被って、
累積損益がマイナスに傾いたところで
投資を止めてしまう！
（つまり負けたまま終わる）

大損を出し、長い目でみればチャラになる。変化したのは、勝率だけだ。

このように、見た目の勝率を引き上げたり、見た目のリスクを抑えたりすることは、実はちょっとしたテクニックでいくらでも簡単にできる。だが、それだけで期待値を引き上げることはできない。**リスクというものは、利益の可能性を放棄してその元を絶たない限り、見た目を変えることはできても、魔法のように消してしまうことはできない**のだ。これは、一般の人があまりよく理解していない金融理論の「大原則」である。

さらにいえば、今の話はあくまでも数学上の期待値の話にすぎない。現実的には、ほとんどの人が稀に起きる巨額損失を被った時点で投資を継続する意欲や自信を失ってしまい、損失を抱えたまま投資の世界から去ることになる可能性が高いのだ。それが図表20のX時点である。トータルの利益がマイナスのところで投資をやめてしまえば、投資家はマルチンゲールで損失を負って終わることになる。

まだ続きがある。ここで注意しなければならないのは、自己増幅的フィードバックの存在である。ランダムな動きであれば、ある日に株価が下がっても、次の日に株価が上がるか下がるかは五分五分のままだ。だが、自己増幅的フィードバックが働いていれば、ある日に株価が下がったことで、次の日も値下がりする可能性が高くなる。その結果、予想外に株価が下がり続ける事態が、思っている以上に頻繁に発生する。

つまり、6日連続で株価が下がり続けて大きな損失を被る可能性は、ランダムな変動を想定した場合の1・6％よりもおそらく高い。そのことを踏まえれば、マルチンゲールは、大きな損失を被る可能性が想像以上に高い非常に危険なやり方といえるのだ。

結局のところ、**大きな損失を被る可能性と引き換えにすれば、勝率などいくらでも操作をすることができる。だが、それは決して長期的な観点で成功をもたらすものとはならない**のである。

※24　その典型例として取り上げられているのが、ポスト・イットの開発で有名なスリーエム社である。

短期的な結果に振り回されない

正しいやり方の効果は長期的にしか現れない

不確実性への対処を考えるとき、時間軸を意識することはとても本質的で、重要なことである。**不確実性のおかげで、短期的には、間違ったやり方でも成功することがあり、また正しいやり方でもうまくいかないことがある**からだ。原因と結果が直接的に結びつかない不確実性のもとでは、正しいやり方の効果は長期的にしか現れない。

だが、人はどちらかというと、華々しい短期的な成功に注目し、称賛しがちである。その一方で、その華々しい成功を成し遂げた者が、その後も成功を続けていけるかどうかにはあまり関心を払わない。

実際には、短期的な成功の後に環境の変化によって破滅に向かった陳勝呉広のような事例は、至るところにみられる。そして人々は、成功している間はその陳勝呉広たちを神のごとく崇め、失敗すれば忘れ去って、次の陳勝呉広に関心を移す。しかし、長期間にわたって成功を持続できたかどうかという「時間のテスト」を経ていないそのような成功を、そもそも成功と呼ぶことが正しいのだろうか。

相場の世界では、いつの時代でもカリスマ・トレーダーやカリスマ・ファンドマネジャーが次々と生まれてくる。華々しい短期的な成功を収める者は、必ず現れるのである。一方、時間軸を長くとって、10年、20年というタームでみれば、その中で安定した成績を残せる者はごくわずかしかいない。**カリスマ・トレーダーやカリスマ・ファンドマネジャーの多くは、「時間のテスト」に合格できない**のだ。

企業の盛衰にも似たところがある。たとえば1年間という短期の時間軸でみた場合、その期間で時価総額をすさまじい勢いで大きく伸ばす企業は、常に現れる。だが、そうした企業が長年にわたって安定した成長を続けるかどうかは別問題だ。もっと長い時間軸で時価総額を伸ばした企業リストを作れば、毎年顔触れが大きく変わる1年ごとの時価総額伸び率上位企業とは必ずしも一致しない企業群が姿を表す（図表21）。こ

図表21 長期的な成長企業

平成30年間で時価総額増加率が高かった企業

順位	企業名	時価総額増加率(%)
1	日本電産	6810
2	キーエンス	6375
3	AFLAC(2019/10に上場廃止)	5315
4	ピジョン	4507
5	ヒューリック	2329
6	ゴールドウイン	2264
7	シマノ	2184
8	ユニ・チャーム	1890
9	浜松ホトニクス	1329
10	ダイキン工業	1325

(松井証券より)

平成30年間で時価総額増加額が高かった企業

順位	企業名	時価総額増加額(兆円)
1	トヨタ自動車	15.2
2	キーエンス	8.3
3	日本電産	4.6
4	ソニー	4.6
5	任天堂	4.3
6	武田薬品工業	4.1
7	信越化学工業	3.9
8	ダイキン工業	3.9
9	ホンダ	3.6
10	村田製作所	3.6

(日本経済新聞より)

※時価総額の増加にはM&Aによる増加も含まれているため、既存事業の内部成長のみで実現されているものではないことに注意

うした企業こそ、長期間にわたって継続して成功を収めてきた企業といえる。

短期的な成功は、大胆な行動から生まれる。大胆に行動し、それが運良くはまれば大きな成果が得られる。その成果が華々しいものであればあるほど、成功者はカリスマ視される。だから、そのような成功を目指すならば、できるだけ大胆に行動し、あとは運任せにすればいい。運良く自分に都合のいい方向に働く自己増幅的フィードバックが起き、それに乗ることができれば、予期しない大成功を収めることも可能となる。しかし、その華々しい成功を長期間維持するのは至難の業だ。そのような成功をもたらした自己増幅的フィードバックは、いつか逆流するからである。

これに対して、息の長い長期的な成功はもっと別の観点からもたらされるものだ。それを次にみてみよう。

小さな失敗を許容する

短期的な成功が必ずしも長期的な成功に結びつかないのであれば、単に成功するにはどうすればいいかを問うだけではなく、「長期的に成功するには何が必要か」という問いかけがなされなければならない。

時間軸が長くなればなるほど、予期できないとても大きな変化が起きる可能性は高くなっていく。そうした長い時間軸の中で持続的な成功を得るために第一に必要となるのは、たとえ予想外の悪いデキゴトが起きたとしても、二度と立ち直れなくなるような破滅的な損害は何としても受けないことだ。

そのためには、何らかの予測、つまりひとつの仮説に基づいて始めたことがうまくいかないときには、すぐに予測の見直しを行い、必要に応じて今行っていることを取りやめたり、別の方法に変えたりしなければならない。もしそれが、短期的な成果に結びつかないものであっても、あるいは勝率を引き下げることになったとしても、失敗が大きく致命的なものになる前に、事態を自力でコントロールできるうちに、失敗を認めて出直す必要がある。**大きな失敗を避けるためには、小さな失敗を許容しなくてはならない。**

多くの投資のプロは、ひとつの投資判断がうまくいかなかったならば、大きな損失を被らないように損失を早めに確定させて、傷口を広げないようにすることが投資の鉄則であると説いている。もちろん、私もまったく同感だ。

ところが、ここから先はプロがあまり教えてくれない部分なのだが、**損失を早期に確定させることを心がけると、実際には勝率が否応なしに下がってしまう**のである。したがって、さまざまな投資の教科書で早期の損失確定の重要性がいくら説かれていても、一回一回の勝ち負けにこだわる人は、この鉄則をなかなか守ることができない。そして、いつの日か予期しない大きな損失を出してしまって、投資の世界からの退場を余儀なくされるのである。

だから、損失を早期に確定させることを徹底しようと思えば、必然的に勝率の低下を甘受しなければならない。致命的な失敗を避けるためには、数多くの小さな失敗を受け入れる必要があるのだ。私は、この点こそが、長期間にわたって投資を続けて大きな成果を残せる人と、そうはならない人を隔てる決定的な分かれ道だと思う。

勝率へのこだわりを捨てて、数多くの小さな失敗を許容することによって、致命傷を負うことなく、やがて大きなチャンスがめぐってくるのを待つことができる。大きなチャンスとは、自分にとって良い方向に自己増幅的フィードバックが働く局面だ。

図表22 不確実性を前提にしたやり方

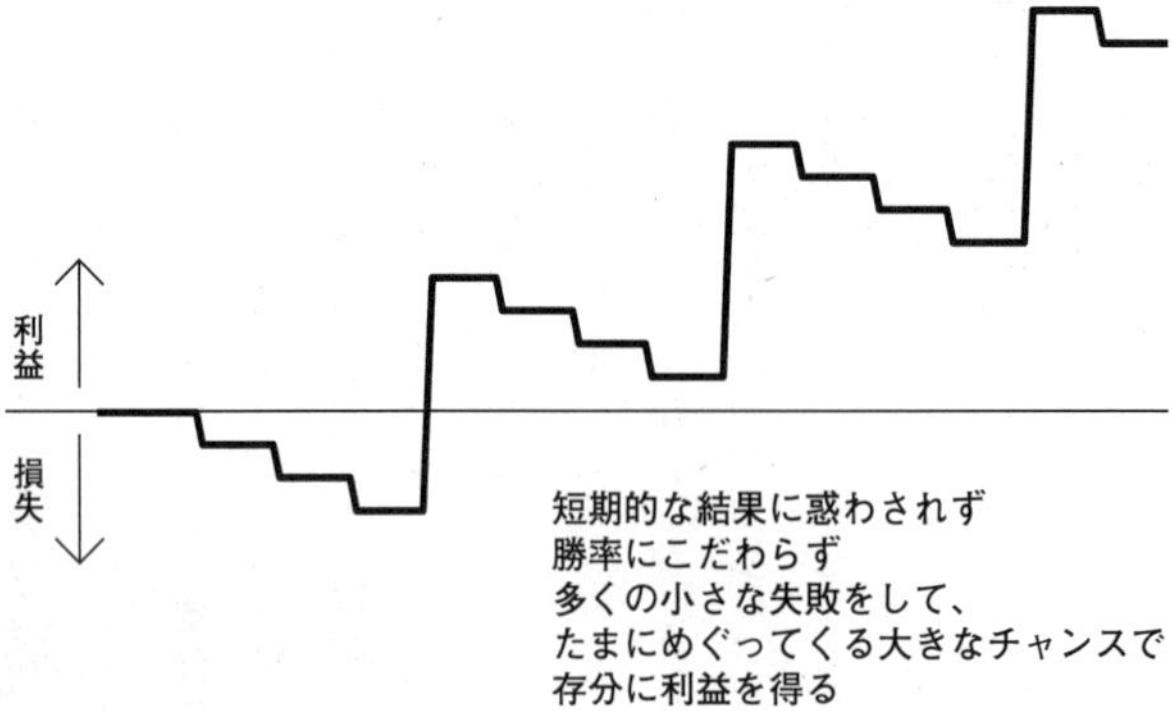
利益
損失
短期的な結果に惑わされず
勝率にこだわらず
多くの小さな失敗をして、
たまにめぐってくる大きなチャンスで
存分に利益を得る

もちろん、それがいつ、どのくらいの大きさでもたらされるかはわからない。だが、その予期せざる大きなチャンスを存分に活かせるかどうかが、次の関門となる。

良いことの連鎖が続いたときに、決して警戒を怠ることなく、それでも流れる音楽に合わせて踊り続けて大きな成果を引き出すこともまた、決して容易なことではないが、その戦略がうまく機能した場合の損益のパターンは図表22のようなイメージとなっていく。

自己増幅的フィードバックは、悪いことが連鎖して致命的な事態に至らしめようとする恐ろしい現象であると同時に、良いことが連鎖して予想をはるかに超える成果をもたらしてくれる要因ともなる。だから、悪い方向に働く自己増幅的フィードバックの負の連鎖からいかに素早く抜け出し、良い方向に働く自己増幅的フィードバックからいかに大きな成果を上げられるかが、長期的な成果を左右する決定的な要因となるわけだ。

もちろん、たとえ自己増幅的フィードバックのおかげで大きな成果を上げられたとしても、それは運が良かったおかげだということをしっかりと肝に銘じ、自分の力を過信しないように注意するべきであることも付け加えておかなければならない。

こうしたやり方を、先ほどのマルチンゲール（図表20）と比較してみよう。マルチンゲールは、小さな失敗を受け入れず、とことん勝率にこだわるやり方だ。その結果、たいていの場合、短期的には良好な成績を収めるが、ときとして致命的ともなりかねない大きな損失が生じて、長期的成功を台無しにしてしまう可能性が高い。

それに対して、今紹介したような**不確実性を前提にした思考法においては、勝率は犠牲にされ、短期的な成果には必ずしも結びつかないかもしれないが、長期的にみれば安定した良い成績を残せる可能性が高まる**のである。

ここで再び、『ビジョナリー・カンパニー』の話を思い出してほしい。数多くのものを試してうまくいくものを伸ばすという超優良企業のやり方は、まさに今述べたことと同じことなのである。ここでは株式投資を例に挙げて説明したが、この思考法は株式投資に限らず、不確実な世界に対処するための普遍的な考え方といえる。

このように不確実性の存在を前提とし、長期的な成功を目標にするならば、単に目先の成功を目指すのとは戦略の立て方がおのずと異なってくる。不確実性を忌み嫌ったり、無視したりするのではなく、世界が不確実性に満ちていることを知ることの重要性は、そこにこそあるのである。

不確実性への対処に終わりはない

本書でこれまで説明してきたとおり、不確実性が現実の世界でいかに重要な役割を果たしているかを知り、また不確実性がどのような性質を持っていて、それを人がいかに誤認し、いかに対応を誤りがちであるかを理解することが、不確実性に対処する第一歩となる。だが、それはあくまでも第一歩にすぎない。
不確実性は常に予想外のデキゴトをもたらし、常に新たな壁となって目の前にそびえ立つ。いくらわかったつもりになっても、少しの気のゆるみが原因で、気づかぬうちに心理的なバイアスに囚われて、誤った反応に陥ってしまう危険性が常につきまとう。

リーマンブラザーズを破綻へと追いやったリチャード・ファルドCEOは、無能だったから、あるいはリスクというものを理解していなかったから対応を誤ったわけではない。彼もまた、生き馬の目を抜くと評されるウォール街で成功を収め、市場の恐ろしさやリスクについて深く理解しているはずのプロ中のプロだったのだ。それでも、予期しない非常事態に遭遇して、現実を見失ってしまった。

人は、過去に起きたデキゴトを後付けの解釈でしかみることができない。リーマンとファルドは「強欲な愚か者」で、リーマンショックによってその当然の報いを受けたにすぎないと、どうしても捉えてしまう。しかし、ここまで読み進めてきた読者なら、**不確実性が人間心理に及ぼす影響によって、それが誰の身にも起きうることだと**

理解できるはずだ。

不確実性の存在とその効果については、「わかっているから、その話はもういい」というようなことは決してないのである。どんなにわかった気になったとしても、いつまでも集中力を維持できるかどうかは別の話だ。そして、少しでも気が緩んだ瞬間に「罠」にはまってしまう。

そうはいっても、第1章でも触れたとおり、リスクに過敏になりすぎるのは本末転倒である。リスクをとってチャレンジを続けることはとても大切なことだ。同時に、決して惰性に流されることなく、不確実性に対する感受性と柔軟性を維持して意思決定をしていくことが、個人にとっても、企業などの組織にとっても、長期的な成功に不可欠な要素となる。

今日、企業においてリスク管理が避けて通ることのできないものであることは多くの人が理解していることだろう。そこにはさまざまな課題がある。一方で、杓子定規なリスク管理によって、イノベーションや適切なリスクテイクが阻害されてしまう危険性があり、もう一方で、リスク管理が形式的でおざなりなものになって、本当のリスクを見過ごしてしまうことも頻繁に起きる。

どちらも、リスク管理を、専門的で技術的な特殊分野だとみなしがちなことがその背景にある。専門の部署に任せっきりにすることで中身がわからなくなり、いつの間にかリスク管理部門の言うことに誰も反論できなくなったり、逆に、理解できないがゆえに、都合よく解釈すればいいだけの参考情報になったりするのだ。だが、リスク管理の本質は、専門的で技術的な部分にあるのではない。不確実性にいかに対処するかということこそが、その本質なのである。

そして、不確実性に備えることは、特殊な機能などでは決してない。**すべての意思決定者がわきまえておかなければならない意思決定の本質そのもの**である。

不確実性は、不確実なものであるがゆえに、完全に克服することなどできない。それでも、いたずらに忌避したり、軽視したりすれば、かえって牙をむいて襲いかかってくる。不確実性とは、何とかうまく付き合っていくしかないのだ。そして、それができたときに初めて、長期的な成功への道が開けるのである。

【巻末資料】

より詳しく学ぶためのブックガイド

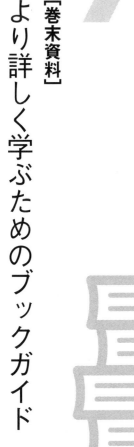

基本となる偶然や
リスク全般について

『「偶然」の統計学』

デイヴィッド・J・ハンド著、松井信彦訳／
ハヤカワ・ノンフィクション文庫〈数理を愉しむ〉シリーズ

一見あり得なさそうなことがなぜ起きるのか。身近にあるさまざまなエピソードをもとに、確率や統計的なものの見方についてわかりやすく解説している。“偶然”というものの奥深さに触れることができる。

『偶然の科学』

ダンカン・ワッツ著、青木 創訳／
ハヤカワ・ノンフィクション文庫〈数理を愉しむ〉シリーズ

上に掲載の書籍と似た題名だが、こちらは確率統計学の本ではなく、“偶然”をキーワードに社会を捉えなおそうとする複雑系社会学の本。著者はネットワーク理論の大家で、少人数の知り合いをたどれば世界中の誰にでも行き着くという「スモールワールド現象」を解明したスモールワールド・ネットワーク・モデルの提唱者として有名。

『リスク　上・下』

ピーター・バーンスタイン著、青山 護訳／日経ビジネス人文庫

“リスク”や“確率”という概念がいかにして発展してきたかを壮大なスケールで描く歴史読み物。題名がそのものズバリということもあるが、“リスク”に関する本として真っ先に名前が挙がることが多い名著。

不確実性の宝庫である
マーケット関連の読み物

『ウォール街のランダム・ウォーカー〈原著第12版〉』
バートン・マルキール著、井手正介訳／日本経済新聞出版

初版1973年と古い本だが、投資関連本では必ず上位に名前が挙がる古典にして、未だに売れ続けている大ベストセラー。ランダムウォーク理論をベースに、後に訪れるインデックスファンド革命の到来を予言した本でもある。「こうすれば儲かる！」とか、「私はこれで○億円儲けた！」というようなキャッチーな本とは真逆だが、結局こうした本が長く読み継がれていく。

『敗者のゲーム〈原著第6版〉』
チャールズ・エリス著、鹿毛雄二訳／日本経済新聞出版

『ウォール街のランダム・ウォーカー』と並び称されることが多いこちらも大ベストセラー。やはり株式インデックスファンドで長期投資をすることが重要という地味な結論が導かれる本だが、投資家必読の名著として未だに読み継がれている。

『マーケットの魔術師』
ジャック・D・シュワッガー著、横山直樹監訳／パンローリング

相場の世界で名を残したトップトレーダーたちのインタビュー集。不確実な相場の荒波に揉まれてきたプロフェッショナルの肉声が聞ける。投資経験者なら心に染み渡る含蓄ある名言・金言がずらり。シリーズにもなっており、そちらもおすすめ。

バブルや暴落など金融市場の大変動について

『ブラック・スワン　上・下』

ナシーム・ニコラス・タレブ著、望月 衛訳／ダイヤモンド社

著者のタレブはトレーダー出身で、本作以外にも『まぐれ』『反脆弱性　上・下』（いずれもダイヤモンド社）など、不確実性というテーマを鋭い切り口で捉えたベストセラーを次々と発表している。本作によって、予測できないことが重大な事態を引き起こすことを意味する言葉として“ブラックスワン”が一般に広く使われるようになった。

『バブルの歴史』

エドワード・チャンセラー著、山岡洋一訳／日経BP

17世紀オランダで起きたチューリップの球根をめぐる狂乱（チューリップ・マニア）以降、バブルは、手を替え品を替え、幾度となく生じては破裂を繰り返してきた。この本を読むと、バブルがごく稀に生じる異常事態というよりも、市場に常につきまとう構造的なものであると気づかされる。

『リーマン・ショック・コンフィデンシャル 上・下』

アンドリュー・ロス・ソーキン著、加賀山卓朗訳／ハヤカワ・ノンフィクション文庫

2008年に起きたいわゆるリーマンショックの渦中で、予測不能な事態が次々と襲いかかる中、アメリカ政府や大手金融機関はどのような判断を下していったのか。成功例も失敗例も生々しく描き出す一大傑作ノンフィクション。危機の直後に、政府高官や金融機関のトップしか知り得ないさまざまな内幕が世に出ること自体がすごい。

数学者や物理学者が席巻する金融最先端分野についての読み物

『ウォール街の物理学者』

ジェイムズ・オーウェン・ウェザーオール著、高橋璃子訳／ハヤカワ・ノンフィクション文庫

不確実性に真っ向から挑む金融の最先端の世界は、物理学者、数学者、コンピュータ・サイエンティストが支えている。クオンツ運用やアルゴリズム、超高速のＨＦＴ（高頻度取引）等々……。こうした分野を扱った書物には、スコット・パタースンの『ザ・クオンツ』（角川書店）、『ウォール街のアルゴリズム戦争』（日経ＢＰ）、ベストセラー作家マイケル・ルイスの『フラッシュ・ボーイズ』（文春文庫）など優れた作品が多いが、その中でもとくに本書を推したい。一見無味乾燥なファイナンス理論が、天才や奇才たちの苦闘の末に生み出されてきたものであることが実感できる。金融市場業務を志す人には絶対に読んでもらいたい本だが、そうでない人にも金融の世界の裏側を知ることができる歴史読み物として楽しめるはずだ。

『最も賢い億万長者　上・下』

グレゴリー・ザッカーマン著、水谷 淳訳／ダイヤモンド社

投資大国アメリカには、金融や投資に関するテーマを一般向け読み物にする優れた作家が多いが、ザッカーマンもそのひとり。“最も賢い億万長者”とは、ルネッサンス・テクノロジーズ創設者のジム・シモンズのこと。シモンズは、『ウォール街の物理学者』でも「（バフェットをしのぐ）世界一のファンドマネジャー」として紹介されている。秘密主義のベールに包まれたシモンズの半生と、謎めいたルネッサンスの内部事情が明かされる興味深い一冊。

人間心理や行動経済学について

『予想どおりに不合理』

ダン・アリエリー著、熊谷淳子訳／ハヤカワ・ノンフィクション文庫

行動経済学の入門書として最適なベストセラー作品。非常に読みやすく、面白い。行動経済学が解き明かす人の心理の不合理さをネガティブな欠点として捉えるのではなく、ポジティブに捉え、前向きに応用していこうとするところにこの著者の特徴がある。

『ファスト&スロー 上・下』

ダニエル・カーネマン著、村井章子訳／ハヤカワ・ノンフィクション文庫

心理学者にしてノーベル経済学賞を受賞した行動経済学の大家、ダニエル・カーネマンの代表作。人間の思考を、直感的で素早いがバイアスがかかったシステム１と、合理的だが時間と労力を要するシステム２に分けて考えることで、さまざまな人間行動を説明できるようになる。経済活動や社会活動を心理的側面から捉えようとする行動経済学は、経済学や社会科学に今まで欠けていたピースを補うものと考えられている。

『群衆心理』

ギュスターヴ・ル・ボン著、桜井成夫訳／講談社学術文庫

『「みんなの意見」は案外正しい』

ジェームズ・スロウィッキー著、小髙尚子訳／
KADOKAWA／角川文庫

前者は、人々が群衆と化したときの非合理的で暴力的な集団心理を解き明かしたもので、社会心理学の端緒を開いた古典中の古典である。後者は、逆に“集団の知恵”を取り扱ったもので、多様な集団の判断は専門家の判断よりも優れていると説く。つまり、集団は恐ろしい狂気に取り憑かれもするが、優れた英知を導き出すものにもなるということ。

量子力学や社会物理学について

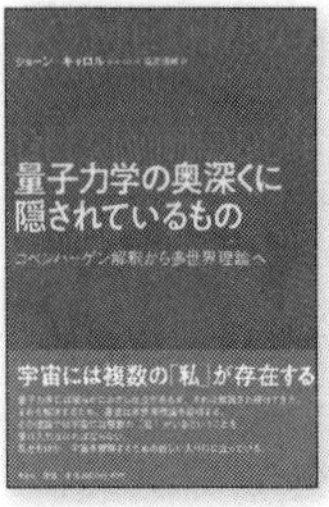

『量子力学の奥深くに隠されているもの』

ショーン・キャロル著、塩原通緒訳／青土社

量子力学については、一般向け読み物のみでその中身を理解することは難しいが、それでもとても興味深い分野である。現代物理学の根幹となる理論というだけでなく、世界とは何か、空間や時間とは何か、実在とは何かというような哲学的な問いにも直結する。多くの関連書籍が出ているが、本作はバランス良く量子力学の全体像と、それに伴うさまざまな存在論的な論点を取り扱っている。ちなみに、量子力学の解釈としてもっとも有力なものが“エヴェレット解釈（多世界解釈）”である。これは俗っぽくいえば、無数のパラレルワールドが存在するというＳＦチックな考え方なのだが、どうやら信憑性は結構高いらしい。もちろん量子力学の奥深さはそれだけにはとどまらない。

『人は原子、世界は物理法則で動く』

マーク・ブキャナン著、阪本芳久訳／白揚社

物理学を経済学や社会科学に応用しようとする経済物理学、社会物理学などの試みは、近年大きな脚光を浴びている分野である。とくに不確実性に関していえば、ランダムウォーク理論もカオス理論も物理学からの援用で研究が進展してきたものであり、したがって物理学との親和性は高い。この著者は同様のテーマでいくつか著作を出しているが、そのうち１冊を挙げさせてもらった。入門書としては、高安秀樹著『経済物理学（エコノフィジックス）の発見』（光文社新書）もおすすめ。

その他

『ビジョナリー・カンパニー』

ジム・コリンズ、ジェリー・ポラス著、山岡洋一訳／日経BP

経営関連書籍の中でもおそらくもっとも有名なもののひとつ。いくつか続編も出ている。この手の経営関連本では、優れた企業として取り上げられた企業がその後低迷してしまうといった事例が多く、本書でも後からみればそうした事例に該当する企業がいくつか取り上げられている。とはいえ、不確実な環境変化の中で企業が長く繁栄を続けるためには、「時を告げるのではなく、時計を作る（経営者がカリスマとして企業の行く先を決めるのではなく、環境に合わせて進化していけるような仕組みを作るべきというような意味）」ことが大切であるという考え方自体は、今なお輝きを失っていない。

『八月の砲声　上・下』

バーバラ・W・タックマン著、山室まりや訳／ちくま学芸文庫

オーストリア皇太子暗殺事件（サラエボ事件）から、誰もが望まぬ第一次世界大戦が勃発し、誰もが予想せぬ凄絶な長期戦へと発展していく様を描いた古典的名著。本文注釈でも触れているが、J・F・ケネディ大統領がキューバ危機に際して参考にしたとされる。世界史を塗り替えるような大事件が、予想もしない形で起きることを克明に記している。

『ルービン回顧録』

ロバート・E・ルービン、ジェイコブ・ワイズバーグ著、
古賀林 幸、鈴木淑美訳／日本経済新聞出版

『グリーンスパン』

ボブ・ウッドワード著、山岡洋一、高遠裕子訳／日経ビジネス人文庫

1990年代、クリントン政権下の経済繁栄を支えた名財務長官ロバート・ルービンとマエストロと称されたＦＲＢ（連邦準備制度理事会）議長アラン・グリーンスパン。毀誉褒貶はあるものの、一時代を築いたトップ金融マンのふたりに共通するのは、「確かなものなど存在しない」という信念。不確実性への研ぎ澄まされた感覚が冴え渡る。グリーンスパンに関しては、『波乱の時代　上・下』（日本経済新聞出版）という素晴らしい自著回顧録もあるが、ここではワシントンポストの名物記者が簡潔にまとめた『グリーンスパン』を挙げさせてもらった。

参考文献

※〔より詳しく学ぶためのブックガイド〕掲載の書籍は除く

『確率論的思考』田渕直也（日本実業出版社、2009年）
『図解でわかるランダムウォーク&行動ファイナンス理論のすべて』田渕直也（日本実業出版社、2005年）
『投資と金融にまつわる12の致命的な誤解について』田渕直也（ダイヤモンド社、2015年）
『ゴールドマン・サックス』チャールズ・エリス（日本経済新聞出版、2010年）
『量子力学の解釈問題』コリン・ブルース（講談社、2008年）
『量子力学で生命の謎を解く』ジム・アル＝カリーリ、ジョンジョー・マクファデン（SBクリエイティブ、2015年）

本書は2016年4月にディスカヴァー・トゥエンティワンから発行した『不確実性超入門』を文庫化にあたって大幅に加筆したものです。

日経ビジネス人文庫

「不確実性《ふかくじつせい》」超入門《ちょうにゅうもん》

2021年10月1日　第1刷発行

著者
田渕直也
たぶち・なおや

発行者
白石 賢

発行
日経BP
日本経済新聞出版本部

発売
日経BPマーケティング
〒105-8308 東京都港区虎ノ門4-3-12

ブックデザイン
小口翔平＋三沢 稜（tobufune）

本文DTP
ホリウチミホ（nixinc）

印刷・製本
中央精版印刷

Printed in Japan　ISBN978-4-532-24010-3